AF186089

Tucholsky Wagner Zola Scott Sydow Schlegel
Turgenev Fonatne Freud
Wallace Twain Walther von der Vogelweide Fouqué Friedrich II. von Preußen
Weber Freiligrath
Fechner Weiße Rose von Fallersleben Kant Ernst Frey
Fichte Richthofen Frommel
Engels Fielding Hölderlin
Fehrs Faber Flaubert Eichendorff Tacitus Dumas
Eliasberg Ebner Eschenbach
Feuerbach Maximilian I. von Habsburg Fock Zweig
Ewald Eliot Vergil
Goethe Elisabeth von Österreich London
Mendelssohn Balzac Shakespeare Dostojewski Ganghofer
Lichtenberg Rathenau Doyle Gjellerup
Trackl Stevenson Tolstoi Hambruch
Mommsen Lenz Droste-Hülshoff
Thoma von Arnim Hanrieder
Dach Verne Hägele Hauff Humboldt
Karrillon Reuter Rousseau Hagen Hauptmann
Garschin Gautier
Damaschke Defoe Hebbel Baudelaire
Descartes Hegel Kussmaul Herder
Wolfram von Eschenbach Schopenhauer Dickens
Bronner Darwin Melville Grimm Jerome Rilke George
Campe Horváth Aristoteles Bebel Proust
Bismarck Vigny Voltaire Federer Herodot
Gengenbach Barlach Heine
Storm Casanova Tersteegen Grillparzer Georgy
Chamberlain Lessing Langbein Gilm
Brentano Lafontaine Gryphius
Strachwitz Claudius Schiller Kralik Iffland Sokrates
Katharina II. von Rußland Bellamy Schilling
Gerstäcker Raabe Gibbon Tschechow
Löns Hesse Hoffmann Gogol Wilde Vulpius
Luther Heym Hofmannsthal Gleim
Roth Klee Hölty Morgenstern Goedicke
Luxemburg Heyse Klopstock Homer Kleist
Machiavelli La Roche Puschkin Mörike Musil
Navarra Aurel Musset Kierkegaard Horaz Kraft Kraus
Nestroy Marie de France Lamprecht Kind Kirchhoff Hugo Moltke
Nietzsche Nansen Laotse Ipsen Liebknecht
Marx Lassalle Gorki Ringelnatz
von Ossietzky May Klett Leibniz
vom Stein Lawrence Irving
Petalozzi Platon Knigge
Sachs Pückler Michelangelo Kafka
Poe Liebermann Kock Korolenko
de Sade Praetorius Mistral Zetkin

Friedrich Schleiermacher's Monologen

Friedrich Schleiermacher

Impressum

Autor: Friedrich Schleiermacher
Umschlagkonzept: toepferschumann, Berlin

Verlag: tredition GmbH, Hamburg
ISBN: 978-3-8424-1381-8
Printed in Germany

Text der Originalausgabe

Friedrich Schleiermacher

Friedrich Schleiermacher's Monologen

1868

Vorwort des Herausgebers.

Wenn auch die *Monologen* Schleiermacher's nicht zu den Hauptwerken der Philosophie gerechnet werden können, für welche die *philosophische Bibliothek* zunächst bestimmt ist, so bezeichnen sie doch im Verein mit den ziemlich gleichzeitig erschienenen Reden Schleiermacher's *über die Religion* die beginnende Reaktion gegen den damals in der Philosophie allmächtig herrschenden Idealismus. Indem Schleiermacher in diesen zwei Werken zuerst den Werth und die Bedeutung des Gefühls und der Individualität gegenüber dem Allgemeinen des Denkens zur Geltung brachte, legte er damit, wenn auch ohne es sich selbst klar zu machen, die ersten Keime für einen Realismus innerhalb der Philosophie, der seitdem allmählig, wenn auch schüchtern und lückenhaft, weiter vorgeschritten ist, und dessen Vollendung daher noch die Aufgabe der Zukunft bleibt. In Erwägung dessen verdienen seine Monologen gewiss einen Platz in dieser Sammlung und der Unterzeichnete hat den desfallsigen Wünschen des Verlegers um so weniger entgegen treten wollen, als es der *philosophischen Bibliothek* wohl geziemt, zu der bevorstehenden, ganz Deutschland beschäftigenden Feier des hundertjährigen Geburtstages Schleiermachers einen bescheidenen Beitrag ihrerseits zu liefern, überdem ist es die Absicht, die *Dialektik, Ethik, Staatslehre* und *Religionsphilosophie* Schleiermacher's in einer neuen, die geringfügigen Varianten verschiedener Manuscripte beseitigenden Recension baldigst nachfolgen zu lassen.

Dem Text der Monologen ist die letzte von Schleiermacher selbst besorgte Ausgabe zu Grunde gelegt worden und nur die damaligen Sonderbarkeiten in der Orthographie sind mit der jetzt allgemein üblichen und auch von Schleiermacher später wieder angenommenen vertauscht worden.

Gemäss dem Plane der Sammlung ist den Monologen eine Schilderung Schleiermachers nach seinem Leben und Wirken vorausgeschickt und einige Erläuterungen zu dem besseren Verständniss der Monologen sind am Schlusse beigefügt worden.

Berlin im September 1868.

v. Kirchmann.

7

Erklärung der Abkürzungen.

Schl. bedeutet: Schleiermacher.

(E. 63) Seite 63 der Einleitung in das Studium philosophischer Werke, welche das *erste* Heft dieser Sammlung bildet.

Schleiermacher's Leben und Schriften.

Friedrich Daniel Ernst *Schleiermacher* wurde am 21. November 1768 in *Breslau* geboren; fünf Jahre nach Beendigung des siebenjährigen Krieges, der Schlesien für immer mit der preussischen Monarchie vereinigte. Sein Vater war Prediger und Sohn eines Predigers, seine Mutter Tochter des Hofpredigers *Stubenrauch*. Den ersten Unterricht erhielt Schl. in der Friedrichsschule zu *Breslau*; später in *Pless*, wohin sein Vater in Folge des baierischen Erbfolgekrieges sich gewendet hatte. Schon dem eilfjährigen Knaben kostete es schlaflose Nächte, »dass er zwischen den Leiden Christi und den Strafen der Menschen für ihre Sünden kein beruhigendes Facit finden konnte.«

Mit 14 Jahren kam Schl. in die Erziehungsanstalt der Brüdergemeinde zu *Niesky* in der Lausitz; nach drittehalb Jahren von dort in das Seminar zu *Barby*, der gelehrten Bildungsanstalt der Herrnhuter; Ostern 1787 ging er von dort zur Universität nach *Halle*. Die Erziehung Schl.'s in den beiden Herrnhuter Anstalten ist von den nachhaltigsten Folgen für ihn gewesen; seine Neigung zur gefühlsreichen Frömmigkeit und der Anklang an das Mystische in seinem Wesen fand in Niesky reichliche Nahrung; erst in Barby brachen Zweifel gegen den Kirchenglauben in Schl. hervor. Dieser Gegensatz von wissenschaftlicher Forschung und innerlichem Gefühlsleben bildet den Grundzug in Schl.'s Wesen; sein beständiges Ziel war, diese Gegensätze zu versöhnen und in eine höhere Einheit aufzuheben. Schl. sagt selbst in einem späteren Briefe von sich: »In der Herrnhuter Gemeinde entwickelte sich in mir zuerst die mystische Anlage, die mir so wesentlich ist und mich unter allen Stürmen des Skepticismus gerettet und erhalten hat. Ich bin später wieder ein Herrnhuter geworden, nur von einer höheren Ordnung.« Ein neuerer Biograph Schl.'s sagt: »Das Wahrzeichen des echten Schleiermachianer's bleibt die innige Verschmelzung von *Freiheit* und *Frömmigkeit*.« Schl. gelang es, den Schein dieser Verschmelzung zu erreichen und darauf beruht der grosse Erfolg, welchen sein Wirken gehabt hat, und seine Bedeutung als Theolog. Als sein Freund *Brinkmann* sich gegen jede Anwendung der Philosophie auf die Theologie aussprach, antwortete ihm Schl.: »Hast du vergessen, dass es zwischen beiden noch ein Mittelglied giebt, einen frommen Kopf oder einen philosophischen Christen?«

Schl. studirte zwei Jahre in *Halle*, hielt sich dann ein Jahr in *Drossen* unweit Frankfurt a. O. bei seinem Onkel *Stubenrauch* auf, und nachdem er sein theologisches Examen gut bestanden hatte, war er von 1790 bis 1793 Hauslehrer bei dem Grafen *Dohna* zu *Schlobitten* in Westpreussen. Hier hatte er reiche Gelegenheit, die Lebens- und Denkweise und die Umgangsformen der höheren Stände kennen zu lernen und letztere sich anzueignen. Nach einem kurzen Aufenthalt in Berlin ward Schl. 1794 Hilfsprediger in *Landsberg* a. W., blieb dort zwei Jahre und wurde dann Prediger an der Charité zu *Berlin*. Damit begann für ihn ein neues Leben. Er lernte hier den 25jährigen Friedrich *Schlegel* kennen, mit dem er eine innige, halb romantische Freundschaft schloss. Ebenso verkehrte Schl. viel mit *Henriette Herz*, deren Haus damals den Mittelpunkt der geistreichen Kreise Berlins bildete. Schl. brachte bald jeden Abend in diesem Hause zu; überhaupt fühlte er zu edlen Frauen sich besonders hingezogen. Getrieben von seinen Freunden entschloss Schl. sich endlich, etwas Selbstständiges zu schreiben. 1799 wurde er zur Vertretung eines Predigers nach *Potsdam* gesandt, und hier entstanden seine: » *Reden über die Religion* an die Gebildeten unter ihren Verächtern.« Schl. erklärt darin: »Die Religion ist weder eine besondere Art des Denkens, noch eine besondere Art, sich zu betragen; sie ist weder Wissen, noch Thun; *sie ist Gefühl*; sie ist das unmittelbare Bewusstsein von dem allgemeinen Sein alles Endlichen im Unendlichen und durch das Unendliche; ein Liegen an dem Busen der unendlichen Welt.« -- »Religion ist nur das unmittelbare Gefühl der Abhängigkeit des Menschen von Gott; es ist noch nicht durch den Begriff hindurch gegangen, sondern nur im Gefühl erwachsen. Das Gemüth ist wie der Sitz, so die nächste Welt der Religion. Daher muss *alles* Handeln und Thun ein religiöses werden. Die Offenbarung ist keine von obenher gekommene, ausserordentliche Mittheilung, sondern das Bewusstwerden des eigenen innersten Lebens und einer neuen Anschauung des Unendlichen.« -- »So wie die Religion, so liegt auch der Gottesbegriff im Gefühl. Fromm kann jeder sein, er halte sich zu diesem oder jenem Gottesbegriff; aber seine Frömmigkeit, das Göttliche in seinem Gefühl, muss besser sein, als sein Begriff.« -- »Nirgend ist die Religion so vollkommen idealisirt, als im Christenthum; dasselbe geht auf das ununterbrochene Dasein der Religion im Gemüth. In der Person Christi ist das wahrhaft Göttliche, die herrliche Klarheit, zu welcher die grosse Idee, die darzustellen er gekommen war, in seiner Seele sich ausbildete, nämlich, dass alles Endliche höherer Vermittelung bedarf, um mit Gott zusammenzuhängen und dass für den Menschen nur Heil in der Erlösung zu finden ist.«

Diese Reden, welche Schl. ohne Nennung seines Namens erscheinen liess, hatten einen gewaltigen Erfolg. Von den Rationalisten ward der Verfasser, für welchen Schl. bald erkannt wurde, als Mystiker, von den Supranaturalisten als Rationalist verschrien.

Auf Andringen seines Freundes Schlegel schrieb Schl. bald darauf seine *Briefe über die Lucinde,* in welchen er die sinnliche Liebe, wie sie in der Lucinde gefeiert wird, zu vertheidigen und als die Offenbarung echter wahrer Liebe, im Gegensatz zur Prüderie, darzustellen suchte.

Schl. selbst war in dieser Zeit von einer leidenschaftlichen Liebe für Eleonore *Grunow* erfasst, der Frau eines Berliner Predigers. Schl. drang bei ihr auf Scheidung von ihrem Manne; nach langen Kämpfen gab die Frau nach, die Scheidung ward ausgesprochen; aber plötzlich brach die Frau das Verhältniss mit Schl. ab und kehrte 1805 zu ihrem Gatten zurück.

Inmitten dieser inneren Kämpfe und Leiden Schl.'s entstanden seine »Monologen«, welche er 1800 ebenfalls anonym den Reden auf die Religion folgen liess. Sie bilden in gewisser Hinsicht deren Ergänzung; dort lässt Schl. den Menschen durch das Gefühl der Frömmigkeit in dem Unendlichen aufgehen; hier macht Schl. die Individualität und Freiheit des Einzelnen gegen das Allgemeine geltend. Schl. sagt darin: »Dem Bewusstsein innerer Freiheit und ihrem Handeln entspriesst ewige Jugend und Freude.«

Auch diese Monologen fanden grossen Beifall, so dass sie Schl. ermuthigten, 1801 die erste Sammlung seiner Predigten herauszugeben. Auch begann er in dieser Zeit die Uebersetzung des *Plato.* *Schlegel* sollte ihm nach der Verabredung dabei helfen; allein das freundschaftliche Verhältniss mit ihm fing an, sich mehr und mehr zu lösen, und die Arbeit fiel Schl. allein zu.

Um die Wunden seines Herzens zu heilen, hatte Schl. 1802 die Stelle eines Hofpredigers in Stolpe in Pommern angenommen. Hier schrieb er: *»Die Grundzüge einer Kritik der bisherigen Sittenlehre«*, in welchen die höchsten Grundsätze der Ethik, die Grundbegriffe der Pflichten, Tugenden und Güter und die einzelnen Systeme untersucht werden. Schl. hatte viel Mühe auf dieses Werk verwendet und erwartete einen grossen Erfolg, der aber ausblieb.

Bald darauf gab er zwei Gutachten heraus; das eine: *»Ueber die Trennung der beiden protestantischen Kirchen«*, in welchem er zuerst den Gedanken ihrer Union befürwortete und das andere: *»Ueber die Mittel, dem Verfall der Religion vorzubeugen.«* Die erste Schrift war die Veranlassung, dass Schl. 1804 als ausserordentlicher Professor und Universitätsprediger nach Halle berufen wurde. 1805 gab Schl. dort das kleine Buch: *»Die Weihnachtsfeier«* heraus, in welcher die Gedanken seiner Reden über die Religion weiter ausgeführt werden. Die Person Jesu gilt Schl. als der einzigartige Mensch ohne Sünde, und für den Menschen giebt es keinen anderen Weg des Heils, als nur in der Gemeinschaft mit Christo.

Als 1806 nach der Schlacht von Jena die Universität geschlossen wurde, blieb Schl. trotzdem in Halle und suchte in seinen Predigten das Selbstvertrauen und den Muth der Nation wieder zu beleben. Erst als Schl. für den neuen König von Westphalen, *Jérôme*, auf der Kanzel beten sollte, verliess er Ende 1807 Halle und ging nach *Berlin*, wo er ohne eigene Mittel durch die Unterstützungen seiner Freunde sich erhielt. Auch hier trat er bald als Prediger auf und suchte durch religiös-sittliche Erneuerung des Volkes die politische Wiedergeburt des Vaterlandes vorzubereiten. 1808 veröffentlichte Schl. mit Beziehung auf die beabsichtigte Gründung einer Universität in Berlin die Schrift: *»Gelegentliche Gedanken über Universitäten im deutschen Sinne, nebst einem Anhange über eine neu zu errichtende.«* Schl. fordert hier die Unabhängigkeit der Universitäten vom Staate und volle Lehrfreiheit für dieselben. In demselben Jahre ward er vom König zum Prediger an der Dreifaltigkeitskirche in Berlin berufen und ihm die Aussicht auf eine Professur an der neuen Universität eröffnet.

Schl. war jetzt 40 Jahre; auf einer Reise nach Rügen traf er dort die 21jährige Wittwe seines Freundes *Willich*, die er nach dem Tode ihres Gatten als »seine gute Tochter« getröstet hatte; jetzt warb er um ihre Hand, sie willigte ein und im April 1809 wurde sie seine Gattin. Die Ehe war glücklich und mit Kindern gesegnet. Ein Sohn, *Nathanael*, besass die ganze Liebe des Vaters und erweckte durch seine Anlagen glänzende Hoffnungen; 1829 traf indess Schl. das harte Geschick, denselben durch den Tod zu verlieren.

In Berlin kam Schl. in jener Zeit durch seinen patriotischen Eifer mit *Scharnhorst, Gneisenau* und *Stein* in Verbindung; er unternahm 1807 eine gefahrvolle Reise nach Königsberg zum König, dem er vorgestellt wurde. Trotz alles auf Preussen sich häufenden Unglücks verlor Schl. nicht den Muth; unerschütterlich fest stand sein Glaube an Napoleon's Sturz. 1810 erhielt Schl. die Professur der Theologie mit einem Gehalt von 2000 Thalern an der neuen Universität in Berlin. In diesem Jahre erschien auch seine »*Theologische Encyklopädie oder Grundzüge eines Systems der Theologie.*

Schl.'s lebhafte Theilnahme an den politischen Vorgängen wurde indess der preussischen Regierung, welche bei Napoleon keinen Anstoss erregen wollte, allmälig unbequem. Schl. galt als ein unruhiger Kopf, so dass er 1811 selbst von sich in einem Briefe sagt: »Ich bin bei den Hauptpersonen des Hofes und des Kabinets hinreichend verhasst.« Dies kümmerte ihn jedoch nicht; er fuhr fort, auf der Kanzel die patriotischen Gefühle wach zu rufen, und sein Einfluss auf seine Gemeinde und Zuhörer wurde immer grösser. In diesem Sinne wirkte Schl. auch in den entscheidenden Jahren 1812 und 1813 fort. 1813 liess er sich, obgleich schwächlicher Konstitution, in den Landsturm einschreiben und setzte seine Kollegien fort, obgleich er nur 7 Zuhörer hatte; auch übernahm er in diesem Jahre die Redaktion eines politischen Blattes »*des preussischen Correspondenten*«, welches das Organ der patriotischen Partei war; dies brachte ihn in mehrfache Kollisionen mit den Censurbehörden.

Als 1814 nach Abschüttelung der Fremdherrschaft der Professor *Schmalz* in Berlin die patriotische Begeisterung des Volkes als revolutionäres Wesen verdächtigen wollte, trat Schl. ihm in einer Schrift, betitelt: »*An Herrn Geheimrath Schmalz*« entgegen; wurde aber dadurch dem Hofe als ein gefährlicher Mensch verdächtig. Selbst die Zeiten des tiefen Friedens seit 1815 gestalteten sich für Schl. zu einer Reihe fortlaufender Kämpfe, veranlasst durch das Vorgehen der Regierung in Bezug auf die Union und Einführung der neuen Liturgie.

Schl. hatte die Union der beiden Konfessionen immer befürwortet; nur jeder Gewaltmaassregel hierbei war er entgegen, und da die Regierung sich nicht ganz von solchen frei hielt, so gerieth er in mannigfachen Widerspruch mit derselben. Als in Folge der Ermordung *Kotzebue's* durch *Sand* die Reaktion in voller Kraft an den deutschen Höfen ausbrach und die besten Patrioten auch in Preussen verfolgt wurden, nannte Schl. dies Verfahren überspanischen, ärgsten Despotismus; er selbst war damals jeden Tag auf seine Arretirung gefasst; 1822 ward ihm der Urlaub zu einer Erholungsreise nach Salzburg verweigert; im Januar 1823 ward er zum Verhör auf das Polizeipräsidium citirt, um sich wegen politischer Aeusserungen in vertraulichen Briefen zu verantworten.

Trotzdem vollendete Schl. in den Jahren von 1819 bis 1822 sein bedeutendstes Werk: » *Die christliche Glaubenslehre*«; sie erschien 1822 in zwei Bänden. In diesem Werke unternimmt es Schl., den Inhalt des christlichen Glaubens aus dem Abhängigkeitsgefühl des Menschen von Gott wissenschaftlich abzuleiten und eine Sonderung des Wesentlichen von dem Unwesentlichen in den Aussprüchen der Bibel und den evangelischen Bekenntnissschriften aus diesem Gefühle zu rechtfertigen.

Die Neuheit dieses Gedankens und der Scharfsinn in seiner Durchführung verschaffte dem Werke einen ausserordentlichen Erfolg, und in Verbindung mit seinen auf dem gleichen Prinzip beruhenden Predigten ward Schl. dadurch der Begründer einer wichtigen neuen Richtung in der theologischen Wissenschaft und Praxis, welche mit dem Namen der *Gefühlstheologie* bezeichnet worden ist.

Als bei Gelegenheit der Union die Regierung die Einführung einer neuen Liturgie durch die Agende erstrebte, trat auch hier Schl. jedem Versuch der Einführung durch Zwangsmittel mit Energie entgegen; Schl. kämpfte hier Jahre hindurch; indess vermochte er es nicht, seinen Widerstand glücklich durchzuführen. Als das Konsistorium am 12. April 1829 die Einführung der Agende ihm und einigen anderen renitenten Geistlichen Berlins befahl, gab Schl. nach und verlangte nur Dispensation vom Kreuzschlagen und von der,

der Gemeinde abgewendeten Stellung am Altar. Schl. rechtfertigte sein Nachgeben damit, dass jeder grössere Widerstand die Union selbst gefährdet haben würde, und dass, wenn er aus der Kirche ausgetreten wäre, sein Austritt nur Wenige nachgezogen haben würde; ohne ein breites Fundament würde aber ein solcher Schritt nur ein sträflicher Vorwitz gewesen sein.

Während dieser liturgischen Streitigkeiten erwarb sich Schl. ein grosses Verdienst um die Einführung eines neuen Gesangbuches für Berlin. Es kam darauf an, auch hier den trockenen rationalistischen Inhalt durch alte Lieder mit frommem und tiefem Gefühl zu verstärken, aber dabei diese Lieder von dem Anstössigen und Geschmacklosen früherer Zeiten zu reinigen. Schl. ward in die desfallsige Kommission gewählt, und nach vierjähriger Arbeit kam das neue Gesangbuch glücklich zu Stande und wurde von allen Gemeinden der Stadt angenommen.

Als in Schlesien in Folge der Einführung der Agende und Union sich eine separirte lutherische Kirche gebildet hatte, wollte die Regierung Schl. zum General-Superintendenten für diese Provinz ernennen. Schl. lehnte es jedoch ab, »die Rolle eines Kirchenfürsten zu spielen.«

Inmitten all dieser Arbeiten und Kämpfe hatte Schl. ununterbrochen sein Amt als Universitätslehrer und Prediger verwaltet und eine höchst segensreiche Wirksamkeit hier entfaltet. Seine Kollegien erstreckten sich über alle Fächer der Theologie und Philosophie, und seine Predigten wurden jederzeit von einem überaus zahlreichen Publikum, hauptsächlich aus den gebildeten Ständen der Residenz, besucht.

Im persönlichen Umgange war Schl. liebevoll und herzlich; in der Freundschaft treu; im geselligen Verkehr voll unerschöpflichen Humors und Witzes. Dem Fremden gegenüber war er zurückhaltend. In jedem Menschen achtete er die Eigenthümlichkeit; er hatte nichts dagegen, dass seine eigene Frau ihre religiöse Erbauung nicht in seinen Predigten suchte, sondern regelmässig die Kirche des streng rechtgläubigen Predigers *Gossner* besuchte.

Schl.'s Gesundheit war niemals fest gewesen; er war von schmächtigem Körper und etwas verwachsen. Im Sommer 1833 besuchte er, um sich zu erholen, seinen Jugendfreund *Brinkmann* in

Schweden; die Reise erfrischte ihn; doch feierte er seinen Geburtstag im November dieses Jahres schon mit bangen Ahnungen. Husten und Heiserkeit überfielen ihn im Winter und bildeten sich zu einer Lungenentzündung aus. Vom 6. Februar 1834 ab litt Schl. grosse Schmerzen und sein Aussehen wurde das eines Sterbenden. Am Morgen des 12. Februar stieg sein Leiden sichtbar; er kämpfte den Todeskampf. Da legte er den Finger an das Auge und sprach: »Ich habe nie an dem todten Buchstaben gehangen, und wir haben den Versöhnungstod Christi, seinen Leib und sein Blut; ich habe aber immer geglaubt, dass der Herr Jesus das Abendmahl in Wasser und Wein gegeben hat.« Während dessen hatte er sich aufgerichtet, seine Züge belebten sich, und seine Stimme wurde rein. Er hiess das Nöthige zur Feier des Abendmahls herbeiholen und gab darauf unter Aussprechung der Einsetzungsworte seiner Gattin, den Anwesenden und zuletzt sich selbst das Brod und dann den Wein, nur sich selbst statt des Weines Wasser. Nachdem er sodann den Segen gesprochen, wandte er sich zur Gattin und sagte:»In dieser Liebe und Gemeinschaft sind und bleiben wir Eins«; dann legte er sich auf das Kissen zurück, athmete noch einige Male auf, bis allmälig das Auge sich schloss und das Leben entfloh.

Auf dem Dreifaltigkeitskirchhof am Kreuzberg bei Berlin schmückt Schl.'s Büste, von *Rauch* in Marmor gearbeitet, sein Grab.

Die wichtigsten seiner Schriften sind im Vorstehenden bereits genannt worden; zu ihnen kommen noch einige Gelegenheitsschriften in Folge des Streites über die Agende. Die Uebersetzung des Plato brachte Schl. allmälig bis auf sechs Bände; ohne sie jedoch vollenden zu können; insbesondere fehlt der Timaeus. An Predigten sind beim Leben Schl.'s vier Sammlungen erschienen.

Nach seinem Tode vereinigte sich eine Zahl seiner gelehrten Freunde zur Durchsicht seiner Manuskripte, und mit Hülfe von nachgeschriebenen Collegienheften waren sie im Stande, nachträglich und ohne eigene Zuthaten eine erhebliche Zahl davon dem Druck zu übergeben. Auf diese Weise ist die Gesammtausgabe seiner Werke entstanden, welche in drei Abtheilungen: 1) Zur *Theologie*, 2) *Predigten*, 3) Zur *Philosophie* und *Vermischte Schriften* von 1835 bis 1864 erschienen ist. Von der philosophischen Abtheilung enthält Band I. die obengenannten, bei seinem Leben erschienenen Werke;

Band II. vermischte Aufsätze; Band III. die Reden und Abhandlungen Schl.'s für die Akademie der Wissenschaften; Band IV., die Geschichte der Philosophie und die Dialektik; Band V. den Entwurf eines Systems der Sittenlehre; Band VI. die Psychologie; Band VII. die Aesthetik; Band VIII. die Lehre vom Staat und Band IX. die Erziehungslehre.

Schl. war ein Zeitgenosse *Fichte's, Schelling's* und *Hegel's*; indess hat er in seinen philosophischen Auffassungen sich keinem derselben unbedingt angeschlossen; deutlich ist bei Schl. der Einfluss *Plato's* und *Spinoza's* zu bemerken. Schl. ist in seinen philosophischen Ansichten dem Realismus mehr zugewendet, als die damals herrschenden idealistischen Systeme *Kant's, Fichte's* und *Hegel's* erwarten lassen. Raum und Zeit sind ihm Formen der Existenz der Dinge selbst; ebenso haben die Kategorien Gültigkeit für die Dinge selbst. Die menschliche Auffassung ist nach Schl. durch die Sinnesthätigkeit bedingt; dadurch wird das Sein der Dinge in das Wissen aufgenommen; das Denken verarbeitet diesen Inhalt der äusseren und inneren Erfahrung; jenes ist die »organische«, dieses »die intelektuelle Funktion«, oder das a priorische Erkenntnisselement. Die Vielheit der Objekte schliesst sich zu einer realen, Objekt und Subjekt umfassenden Einheit zusammen; dadurch bildet sie ein gegliedertes Ganze. Diese Totalität ist die Welt; die Einheit des Weltganzen ist die Gottheit. Ueber die Gottheit sind dem Menschen nur negative oder bildliche, vom Menschlichen abgenommene Aussagen möglich. Jeder Theil der Welt steht mit dem andern in Wechselwirkung, worin Wirken und Leiden vereinigt ist. An das Wirken knüpft sich das Gefühl der Freiheit, an das Erleiden das Gefühl der Abhängigkeit. Dem Unendlichen gegenüber besteht im Menschen das Gefühl der schlechthinnigen Abhängigkeit. In diesem Gefühl wurzelt die Religion. Ihr Inhalt ist die Darstellungsweise des religiösen Gefühls, und als solche ist sie von der wissenschaftlichen Betrachtung, welche die objective Wirklichkeit im Bewusstsein zu reproduziren strebt, wesentlich verschieden. Man verkennt nach Schl. die Grenzen beider Gebiete, wenn man die Dogmen der Religion in Philosopheme verwandeln oder in der Theologie philosophiren will; der Philosophie kommt innerhalb der Religion nur ein formeller Gebrauch zu. In der Ethik stellt Schl. dem kategorischen Imperativ *Kant's*, der nur das Allgemeine kennt, die Individualität und das Gefühl des Einzelnen gleichberechtigt gegenüber. Das höchste Gut ist die oberste Einheit des Realen und Idealen und damit das sittliche Ziel; die Pflichten geben hierzu die Regeln, die Tugenden die Kraft.

In diesen Grundzügen der Philosophie Schl.'s tritt das realistische Element deutlich hervor; vielfach stimmen sie genau mit den im I. Hefte dieser Bibliothek dargelegten Grundsätzen. Auch nach Schl. kann das Denken das Seiende nicht für sich und ohne Wahrnehmung erreichen; das Denken besteht blos in der Bearbeitung des von der Wahrnehmung empfangenen Inhaltes. Schl.'s Auffassung würde klarer und treffender geworden sein, wenn er in den Unterschied zwischen den Begriffen des Seienden und den Beziehungsformen des Denkens (E. 31) tiefer eingedrungen wäre, aber in diesem wichtigen Punkte herrscht bei ihm noch dieselbe Verwirrung wie bei *Plato, Spinoza* und *Hegel.*

Am bezeichnendsten für seine realistische Richtung ist die starke Betonung des *Gefühls,* welches in den idealistischen Systemen völlig in Vergessenheit gerathen war, obgleich doch jede unbefangene Selbstbeobachtung lehrt, dass die Gefühle den Kernpunkt der menschlichen Seele bilden, dass alle Thätigkeit, alles Wollen, alles Denken und Wissen durch die Gefühle geleitet wird, und dass sowohl die Ethik wie die Aesthetik nur an den Gefühlen ihre sichere Grundlage haben. Schl. gebührt hier der Ruhm, zuerst die Bedeutung dieses wichtigen Seelenzustandes wieder hervorgehoben und in die Philosophie wieder eingeführt zu haben. Deshalb seine Geltendmachung des Individuellen gegenüber dem leeren Allgemeinen der Kant'schen Moral, und deshalb seine Begründung der Religion auf das schlechthinnige Abhängigkeitsgefühl des Menschen. Diese Begründung bildet die bedeutendste That Schl.'s auf dem wissenschaftlichen Gebiet, und auf ihr beruhen die grossen bis in die Gegenwart reichenden Erfolge seiner philosophischen und amtlichen Wirksamkeit.

Was Schl. das unbedingte Abhängigkeitsgefühl nennt, ist allgemeiner aufgefasst das Gefühl der Achtung (E. 7), welches den grossen Gegensatz zu den Gefühlen der Lust und des Schmerzes in der menschlichen Seele bildet. Während diese letzteren Gefühle auf die Erhaltung und Erhebung des einzelnen *Ich* gehen und das *Ich* zum

Mittelpunkt der Welt machen, geht umgekehrt in dem Gefühl der Achtung das Ich in die Unermesslichkeit eines ihm gegenüberstehenden Erhabenen auf und findet sich selbst erst wieder in dem Bewusstsein, einen Theil dieses Erhabenen zu bilden. Beide Arten der Gefühle sind wesentliche Zustände der menschlichen Seele; aber sie bilden Gegensätze gleich den Polen eines Magneten; daraus entsteht eine Bewegung und ein Kampf, der zum grossen Theil den Inhalt des innersten menschlichen Lebens bildet. Das Weitere hierüber kann hier nicht entwickelt werden; es muss in dieser Beziehung der Leser auf die Andeutungen im I. Heft dieser Sammlung und auf die Ausführungen verwiesen werden, welche in des Herausgebers Aesthetik Th. I. S. 111 und II. S. 2 (Berlin 1868) gegeben worden sind. Auf diesen Achtungsgefühlen beruhen die sittlichen und religiösen Gefühle oder bilden vielmehr besondere Arten desselben, und Schl. hat vollkommen Recht, wenn er das schlechthinnige Abhängigkeitsgefühl, welches den Gläubigen erfüllt, als den Kern aller Frömmigkeit erklärt und als das hinstellt, was den Glauben an den Inhalt jeder Religion vermittelt. Dieses Gefühl ist es, was jeder Religion ihren Halt giebt; durch dieses Gefühl steht sie zugleich mit der Moral in der innigsten Verbindung, da die Wirksamkeit der sittlichen Gebote auf demselben Gefühle ruht und durch dieses Gefühl ist der Inhalt des Glaubens gegen die Angriffe der Wissenschaft in einer Weise gesichert, welche der letzteren oft unbegreiflich erscheint.

In so weit ist Schl. in der Wahrheit; allein es ist ein völliges Verkennen der Natur dieses Abhängigkeitsgefühles, wenn Schl. weiter geht und es unternimmt, aus demselben auch den der Religion abzuleiten. Dieses Gefühl ist, wie jedes Gefühl überhaupt, dazu völlig ungeeignet. Es ist kein *Wissen* und auch kein Mittel oder Weg für das Erkennen des Seienden, sondern selbst ein *Seiendes* und somit nur ein *Gegenstand* des Wissens. Das Gefühl kann wohl sich mit einem von anderswo entnommenen Wissensinhalt verbinden und so den Glauben an diesen Inhalt vermitteln und sichern; aber es kann nie aus sich selbst einen Inhalt über ein Anderes dem Wissen zuführen, so wenig, wie der Boden ein Wissen über den Baum, wenn gleich er ihm den Halt und die Festigkeit giebt. Auch lehrt die Erfahrung, dass der verschiedenste und entgegengesetzte Inhalt der Religionen gleich geeignet ist, dieses Gefühl zu erwecken und zu befriedigen. Den der Religion, die Lehre von Gott, von seinen Eigenschaften, von seinem Verhältniss zur Welt, von der Erlösung des Menschen, von der Unsterblichkeit muss der Mensch vielmehr von anderswo entnehmen. Die Philosophie lässt erkennen, dass auch auf dem Gebiete der Religion die sinnliche und innere Wahrnehmung die Elemente dazu liefert, welche die Phantasie oder das verbindende Denken im Dienste der Gefühle, dann so gestaltet, dass letztere befriedigt werden. Die Phantasie hilft dabei selbst die Quelle dieses Inhaltes verhüllen, indem sie den Begriff der göttlichen Offenbarung bildet.

Es ist also das Abhängigkeitsgefühl nie die *Quelle*, sondern nur die *Stütze* des religiösen Inhaltes; es kann aus sich selbst diesen Inhalt nicht ableiten, aber es giebt diesem Inhalt, wenn er nach der vorhandenen allgemeinen Bildung der Zeit und des Einzelnen geformt ist und das Gefühl zu befriedigen vermag, den Halt, vermöge dessen er für wahr gehalten, geglaubt und selbst den Angriffen der Wissenschaft gegenüber festgehalten wird. Nur wenn der Fortschritt der Wissenschaft grösser und ihre Verbreitung in dem Volke allgemeiner wird, beginnt der Glaube allmählig zu wanken und entweder wie in alten Zeiten, einer neuen Religion Platz zu machen, oder wie seit dem Mittelalter, Einzelnes aus der vorhandenen Religion für unwesentlich zu erklären und fallen zu lassen. Deshalb kann das Abhängigkeitsgefühl einer vorgeschrittenen Zeit sich von dem religiösen Inhalt früherer Jahrhunderte nicht mehr befriedigt fühlen; aber trotzdem kommt der Inhalt nicht aus diesem Gefühle.

Anstatt diese rein *seiende* Natur des Abhängigkeitsgefühls festzuhalten, nimmt Schl. es zugleich als ein Wissen oder als ein Mittel, den einer Erkenntniss zu gewinnen. Deshalb bezeichnet er es gleichzeitig mit dem sonderbaren Namen: *Unmittelbares Selbstbewusstsein*.

Diese Verwechslung von Sein und Wissen innerhalb der Seele bildet den fundamentalen Irrthum in Schl.'s Glaubenslehre. Weil in Schl.'s Person sich das Abhängigkeitsgefühl am vollkommensten durch den Inhalt jener *christlichen* Dogmen befriedigt fühlte, welche er in seine Glaubenslehre aufgenommen hat, deshalb meinte Schl., der Inhalt dieser Dogmen könne auch aus diesem Gefühl selbst abgeleitet werden und somit aus demselben die Erkenntniss Gottes und seines Verhältnisses zur Welt gewonnen werden. Allein dies Gefühl gleicht dem Wachs; es schliesst sich *jedem* Inhalte an, sobald er nur in irgend einer Weise das Erhabene und Unermessliche bildlich darstellt; Schl. erkennt dies selbst für die früheren Religionen an, und wenn er für seine Glaubenslehre die höhere Wahrheit behauptet, weil ihr Inhalt diese Befriedigung im höchsten Maasse gewähre, so liegt doch der Grund davon nicht in dem Inhalte dieser Lehre an sich, sondern in der bestimmten Stufe der Bildung, auf welcher Schl. durch die allgemeine Cultur seiner Zeit und durch seine besondere Entwicklung sich erhoben hatte.

Schl. ist hier derselben Täuschung wie *Kant* verfallen. *Kant* glaubt auch, in der blossen Allgemeinheit einer Maxime des Handelns das genügende Kennzeichen ihrer Sittlichkeit entdeckt zu haben; bei seinem lebendigen sittlichen Gefühle schob er diesem Allgemeinen unvermerkt den bestimmten sittlichen Inhalte seiner Zeit als selbstverständlich unter, und bemerkte so die gänzliche Leere seines Princips nicht, das für sich allein jedweden Inhaltes baar ist, wie schon *Hegel* gezeigt hat.

Ebenso meinte Schl. bei seiner tiefen Frömmigkeit, dass der religiöse Inhalt, mit dem sich bei ihm das Gefühl verknüpft hatte, aus diesem selbst entsprungen und abgeleitet sei, während dieser Inhalt ihm doch offenbar von Aussen durch die Schule, Erziehung und Religionslehre zugeführt worden und demnächst durch sein *Denken* so gereinigt worden war, dass *nunmehr* das Gefühl nach Schl.'s Individualität sich damit befriedigt fühlen und auf das Innigste verbinden konnte.

Aus diesem fundamentalen Irrthum erklären sich die Mängel in Schl.'s philosophischem und religiösem System, welche von Spätern, insbesondere von *Strauss* aufgezeigt worden sind.

Es ist klar, dass bei einer solchen vermeintlichen Ableitung des religiösen Inhaltes aus dem Gefühl dieser Inhalt nach dem Unterschied des Einzelnen und ihrer Bildung ein durchaus verschiedener werden muss; ein Jeder wird die vollkommenste Befriedigung seines Abhängigkeitsgefühls in einem anders gestalteten Inhalte finden, und von einer objectiven *Wahrheit* dieses Inhaltes und von einer Gültigkeit der Religion für *alle* ihre Bekenner kann nicht mehr die Rede sein.

Damit hängt auch die Abneigung zusammen, welche Schl. gegen jede bestimmte Fassung des Glaubensinhaltes zeigt und die grosse Biegsamkeit und Unbestimmtheit, welche seine Glaubenslehre in Bezug auf die einzelnen Dogmen absichtlich festhält, ja als ein Vorzug für sich geltend macht. Schl. vergass über seine Sorge für das Gefühl, dass die Religion auch eine *Lehre* sein soll und den Menschen ein *festes Wissen* über Gott, die Welt und sich selbst bieten muss, wenn sie das Gefühl befriedigen soll.

Wenn dessenungeachtet die Glaubenslehre Schl.'s einen Epoche machenden Erfolg nicht blos bei dem grossen Publicum, sondern auch innerhalb der gelehrten Welt errungen hat, so erklärt sich dies nur aus der, der menschlichen Natur tief innewohnenden Neigung, die *Gewissheit* zugleich für die *Wahrheit* zu nehmen. Da der durch das verbindende Denken (E. 24) gewonnene Inhalt der Religion nicht auf den Fundamentalsätzen der Wahrheit ruht (E. 65), so kann der Glaube oder die Gewissheit dieses Inhaltes nur durch den Hinzutritt des Gefühles herbeigeführt werden. Indem dieses sich durch den dargebotenen Inhalt befriedigt fühlt, verbindet es sich auf das Innigste mit diesem Inhalt und führt damit zu der Meinung, dass auch der Inhalt selbst aus diesem Gefühl entnommen sei. Die Verwirrung, welche durch die idealistischen Systeme zwischen die Seins- und Wissenszustände der Seele gebracht worden war, unterstützte diese Meinung; Schl. trug deshalb kein Bedenken, das Abhängigkeitsgefühl auch als ein unmittelbares Selbstbewusstsein zu behandeln.

Endlich bot dieser Rückgang auf das Gefühl, wie ihn Schl. dargelegt hatte, ein vortreffliches Mittel, die der Religion unentbehrliche stetige Veränderung ihres Inhaltes auch wissenschaftlich zu begründen und zu rechtfertigen. Die vorgeschrittene Bildung des 18. Jahrhunderts hatte unter den Dogmen der christlichen Religion stark aufgeräumt; auch Schl. konnte sich dieser Wirkung nicht entziehen; ja er selbst hat in seiner Glaubenslehre diesen Inhalt noch mehr verdünnt, als der Rationalismus vor ihm gethan hatte. Aber die Verstandesgründe, welche dieser zur Rechtfertigung dessen beigebracht hatte, genügten den frommen Gemüthern nicht; da trat Schl. auf, und indem er die ganze Religion auf das Gemüth und Gefühl gründete, hatte er damit zugleich eine vortreffliche Handhabe gewonnen, um den schon von dem Rationalismus beseitigten

Inhalt aus einem tiefern und zusagendem Grunde fern zu halten. Da das Abhängigkeitsgefühl der Frommen im neunzehnten Jahrhundert dieses Inhaltes nicht mehr bedurfte, wie Schl. sich nicht verhehlen konnte, so war, wenn alle Religion auf diesem Gefühle beruht, damit von selbst die Entfernung dieses Inhaltes gerechtfertigt; die Gläubigen und Frommen seiner Zeit fühlten sich damit wesentlich in ihrem Gewissen erleichtert und hielten daher mit krampfhafter Aengstlichkeit an diesem neuen Gefühlsfundamente fest.

Für solche Meinung, die noch heute ihre zahlreichen Anhänger selbst innerhalb der Wissenschaft hat, giebt es keine bessere Widerlegung, als den Ablauf der Zeit und den Fortgang der Kultur. So ist schon gegenwärtig, nach einem halben Jahrhundert seit dem Erscheinen der Glaubenslehre Schl.'s, es höchst zweifelhaft, ob das *heutige* fromme Gefühl der gebildeten Gemeindemitglieder noch mit Notwendigkeit die Lehrsätze fordert, welche Schl. über die Person Christi und die Erlösung der Menschen in seiner Glaubenslehre als die Grundwahrheiten der christlichen Religion hingestellt und aus dem Abhängigkeitsgefühl der Frommen *seiner* Zeit abgeleitet hat. Fordert das heutige fromme Gefühl, wie kaum zu bezweifeln ist, diese Sätze nicht mehr, so zeigt sich damit klar und deutlich das Unwahre des ganzen Fundaments, auf dem Schl. den Inhalt der Religion errichtet hat. Für die Philosophie aber ergiebt sich daraus eine neue Bestätigung ihres Fundamentalsatzes, dass aller Inhalt des Seienden nur *durch Wahrnehmung* in das Wissen übergeführt werden kann, und dass alle Lehre über das *jenseit der Wahrnehmung* Liegende wohl mit Hülfe des Gefühls in der menschlichen Seele die Form der Gewissheit gewinnen, aber nie die Natur der Wahrheit erreichen kann, welche unveränderlich und ewig ist.

Friedrich Schleiermacher's Monologen.

Eine Neujahrsgabe. (Die erste Ausgabe erfolgte 1800 anonym und ohne Vorrede; deshalb folgen umstehend nur die Vorreden zur zweiten und dritten, von Schleiermacher selbst besorgten Ausgabe.)

Zwei Vorreden. Darbietung.

Vorrede zur zweiten Ausgabe

Da dies Büchlein vergriffen war, wollte ich nicht weigern, dass es wieder gedruckt würde. Denn theils bin ich ihm Dank schuldig, weil es edle Gemüther auf eine mir fast unerwartete Weise an sich gezogen, und mir Freunde erworben hat, deren Besitz mir sehr theuer ist; theils könnte auch die Weigerung fälschlich als Widerruf ausgelegt werden. Darum sei diesen Blättern mein Dank dadurch abgestattet, dass ich ihnen aufs neue das Leben friste, und zugleich durch die That den Lesern die Erklärung abgelegt, dass noch immer alle hier geäusserten Gesinnungen so vollkommen die meinigen sind, wie nur irgend ein Bild aus früherer Zeit dem älteren Manne gleichen kann und darf. Nur bekenne ich dabei, dass ein solches aufzufrischen oder wohl gar zu verbessern zu grosse Schwierigkeiten hat wegen der Gefahr durch unvermerkte Einmischung von Zügen aus späterer Zeit die innere Wahrheit zu trüben, oder durch Aenderungen, welche willkürlich scheinen könnten, freundliche Leser zu stören. Darum gebe ich es lieber mit allen Mängeln wieder, die ich daran kenne, und habe ausser Kleinigkeiten im Ausdruck nur einige bald nach der ersten Erscheinung angemerkte Aenderungen aufgenommen, welche Undeutlichkeiten abzuhelfen und Missverständnissen zuvorzukommen schienen. Was also jemand nicht an dem Dargestellten, sondern an der Darstellung tadelt, das wolle er nicht mir dem jetzigen, sondern noch immer dem damaligen zuschreiben. Wenn aber Andere sich in die Gesinnung selbst nicht finden, und von dem, was sich auf die Idee eines Menschen bezieht, das was von seiner Erscheinung gilt, nicht unterscheiden wollen oder können, denen sei unverwehrt, den ungesalzenen Spott wieder aufzuwärmen, der auch vor zehn Jahren hier und dort gehört wurde.

Berlin im April 1810.

Dr. Fr. Schleiermacher

Vorrede zur dritten Ausgabe

Auf obige Rechtfertigung beziehe ich mich auch bei diesem dritten Abdruck des Büchleins, und möchte nur noch ein paar Worte für diejenigen versuchen, welchen die Abzweckung desselben wirklich sollte entgangen sein. Ein mir von langem her innig befreundeter Mann hat seitdem das gar sehr hierher gehörige treffende Wort gesagt, das erscheinende Leben eines jeden Menschen schwanke zwischen seinem Urbild und seinem Zerrbild. Nur die der ersten Richtung folgende Selbstbetrachtung kann etwas öffentlich Mittheilbares enthalten; die andere verliert sich zu tief in die Dunkelheiten des einzelnen Lebens bis zu den Punkten hin, die, wie auch sonst schon ein Weiser gesagt, der Mensch am besten auch sich selbst verbirgt. Wer nun, wie hier versucht ward, diese verschweigend jene mittheilt mit einem sichtbaren Bestreben vorzüglich die Oerter für die Verschiedenheit der Urbilder aufzusuchen, dessen Meinung wird wohl ganz verkannt, wenn man ihm vorwirft, dass er nur sich selbst ins Schöne sehe, und lächerlicher als ein geistiger Narziss die verliebten Worte, mit denen er sein eigenes Bildniss angeredet, der Welt noch weit und breit verkünde. Eben jener Abzweckung ist es auch zuzuschreiben, dass hier die Selbstbetrachtung sich rein ethisch gestaltet, und das im engeren Sinne Religiöse darin nirgend hervortritt. Doch wünschte ich nicht, dass hieraus die Ansicht einen Gewinn zöge, als ob die religiöse Selbstbetrachtung nur die entgegengesetzte Richtung nach dem Zerrbilde hin nehmen müsste. Vielmehr war es schon lange mein Vorsatz, auch diese einseitige Vorstellung durch die That zu widerlegen, und durch eine ähnliche Reihe religiöser Selbstgespräche dieses Büchlein zu ergänzen. Die Zeit aber hat es bis jetzt nicht gestattet.

Berlin im December 1821.

Sch.

Darbietung

Keine vertrautere Gabe vermag der Mensch dem Menschen anzubieten, als was er im Innersten des Gemüthes zu sich selbst geredet hat: denn sie gewährt ihm das Geheimste, was es giebt, in ein freies Wesen den offenen ungestörten Blick. Keine zuverlässigere:

denn mit Dir durchs Leben zieht die Freude, vom reinen Anschaun des Befreundeten erregt; und innere Wahrheit hält Deine Liebe fest, dass Du gern öfter zur Betrachtung zurückkehrst. Auch keine bewahrst Du leichter gegen fremde Lust oder Tücke; denn da ist kein verführerisch Nebenwerk, das den Unberechtigten herbeilockte, oder das missbraucht könnte werden zu geringem und schlechtem Zweck. Und steht auch einer seitwärts mit schelem Blick unser Kleinod musternd, und will Unechtes Dir entdecken an Zeichen, die Dein gerades Auge nicht wahrnimmt: so möge Dir weder zersplitternde Krittelei noch schaler Spott die Freude rauben, wie es mich niemals gereuen wird, Dir mitgetheilt zu haben, was ich hatte. -- So nimm denn hin die Gabe, der Du des Geistes leises Weben verstehen magst! Es töne Dein innerer Gesang harmonisch zum Spiel meiner Gefühle! Es werde, was jetzt magnetisch sanft Dich durchzieht, jetzt wie ein elektrischer Schlag Dich erschüttert bei der Berührung meines Gemüthes, auch Deiner Lebenskraft ein erfrischender Reiz.

I. Betrachtung

Auch die äussere Welt, mit ihren ewigen Gesetzen wie mit ihren flüchtigsten Erscheinungen, strahlt in tausend zarten und erhabenen Bildern gleich einem Zauberspiegel unseres Wesens Höchstes und Innerstes auf uns zurück. Welche aber den lauten Aufforderungen ihres tiefen Gefühles nicht gehorchen, welche die leisen Seufzer des gemisshandelten Geistes nicht vernehmen, an diesen gehen auch die wohlthätigen Bilder verloren, deren sanfter Reiz den stumpfen Sinn schärfen soll und spielend belehren. Selbst von dem, was der eigene Verstand erdacht hat und immer wieder hervorbringen muss, missverstehen sie die wahre Deutung, und die innerste Absicht. So durchschneiden wir die unendliche Linie der Zeit in gleichen Entfernungen, an oft nur willkürlich durch den leichtesten Schein bestimmten Punkten, die für das Leben, weil alles abgemessene Schritte verschmäht, ganz gleichgiltig sind, und nach denen nichts sich richten will, weder das Gebäude unsrer Werke, noch der Kranz unserer Empfindungen, noch das Spiel unserer Schicksale: und dennoch meinen wir mit diesen Abschnitten etwas mehr als eine Erleichterung für den Zahlenbewahrer, oder ein Kleinod für den Chronologen; bei jedem vielmehr knüpft sich daran unvermeidlich der ernste Gedanke, dass eine Theilung des Lebens möglich sei. Aber Wenige dringen ein in die tiefsinnige Allegorie, und verstehen den Sinn der vielfach wiederkehrenden Aufforderung.

Der Mensch kenne nichts als sein Dasein in der Zeit und dessen gleitenden Wandel hinab von der sonnigen Höhe des Genusses in die furchtbare Nacht der Vernichtung; Vorstellung und Empfindung auseinander entwickelnd und in einander verschlingend, so meinen sie, ziehe eine unsichtbare Hand den Faden seines Lebens fort, und drehe ihn jetzt loser, jetzt fester zusammen, und weiter sei nichts. Je schneller seiner Gedanken und Empfindungen Folge, je reicher ihr Wechsel, je harmonischer und inniger ihre Verbindung, desto herrlicher sei das bedeutende Kunstwerk des Daseins vollendet; und wer noch überdies seinen ganzen Zusammenhang mechanisch erklären und auch die geheimsten Springfedern dieses Spiels aufzeigen könne, der stände auf dem Gipfel der Menschheit und des Selbstverständnisses. So nehmen sie das zurückgeworfene Bild ihrer Thätigkeit für ihr eigentliches Thun, die äusseren Berührungs-

punkte ihrer Kraft mit dem, was nicht sie ist, für ihr innerstes Wesen, die Atmosphäre für die Welt selbst, um welche sie sich gebildet
hat. Wie wollten Solche die Aufforderung verstehen, welche in jener
Handlung liegt, der sie nur gedankenlos zusehen! Der Punkt, der
eine Linie durchschneidet, ist nicht ein Theil von ihr, er bezieht sich
auf das Unendliche eben so eigentlich und unmittelbarer, als auf sie;
und überall in ihr kannst Du einen solchen Punkt setzen. So auch
der Moment, in welchem Du die Bahn des Lebens theilst, soll selbst
kein Theil des zeitlichen Lebens sein: anders soll er sich erzeugen
und gestalten, um Dir ein unmittelbares Bewusstsein von Deinen
Beziehungen mit dem Ewigen und Unendlichen zu erregen; und
überall wo Du willst, kannst Du so den Strom des zeitlichen Lebens
hemmen und durchschneiden. Darum erfreue ich mich als einer
bedeutungsvollen Mahnung an das Göttliche in mir der schönen
Einladung zu einem unsterblichen Dasein ausserhalb des Gebietes
der Zeit, und freigesprochen von ihrem Gesetz! Die aber um den
Beruf zu diesem höheren Leben nicht wissen mitten im Strom der
flüchtigen Gefühle und Gedanken, finden ihn auch dann nicht,
wenn sie, ohne zu wissen was sie thun, die Zeit messen und das
irdische Leben abtheilen. Wenn sie lieber nichts merkten von dem,
was ihnen gesagt werden soll, dass nicht ihr eitles Thun und Treiben, indem es der hehren Einladung zu folgen strebt, so schmerzlich mein Gemüth bewegte! Wohl mögen auch sie einen Punkt haben, den sie nicht ansehen als flüchtige Gegenwart, nur dass sie
nicht verstehen ihn als Ewigkeit zu behandeln. Oft auf einen Augenblick, bisweilen auf eine Stunde, nun gar auf einen Tag sprechen
sie sich los von der Verpflichtung so emsig zu handeln, so eifrig
Genuss und Einsicht anzustreben, wie es sonst auch der kleinste
Theil des Lebens von ihnen verlangt, wenn er sie mahnt, dass er
eben so bald Vergangenheit sein wird, als er noch kürzlich Zukunft
war. Dann ekelt es sie Neues wahrnehmen, oder geniessen, wirken
oder hervorbringen; sie setzen sich ans Ufer des Lebens, aber können nichts thun, als in die tanzende Welle lächelnd hinabweinen.
Gleich der trübsinnigen Wuth, die an des Mannes Grabe Weiber
oder Sklaven mordet, so schlachten sie am Grabe des Jahres den
Tag, der in leeren Phantasien vergeht, ein vergebliches Opfer.

Für den soll es kein Nachdenken und keine Betrachtung geben,
der doch nicht das innere Wesen des Geistes darin erkennt! der soll

nicht streben, sich loszureissen von der Zeit, der doch in sich nichts kennt, was ihr nicht angehört! Denn wohin sollte er ihrem Strome entsteigen, und was könnte er sich erstreben, als fruchtloses Leiden und herbes Vernichtungsgefühl? Vergleichend wägt der Eine ab Genuss und Sorge der Vergangenheit, und will das Licht, das ihm aus der zurückgelegten Ferne noch nachschimmert, in ein einziges kleines Bild vereinigen, unter dem Brennpunkt der Erinnerung. Ein Anderer schaut an, was er gewirkt, den harten Kampf mit Welt und Schicksal ruft er gern zurück; und froh, dass es noch so geworden, sieht er hier und da auf dem neutralen Boden der gleichgiltigen Wirklichkeit ein Denkmal stehen, das er sich aus dem trägen Stoff herausgebildet, obwohl Alles weit hinter seinem Vorsatz zurückgeblieben. Es forscht ein Dritter, was er wohl gelernt, und schreitet stolz in viel erweiterten und vollgefüllten Speichern der Kenntnisse daher, erfreut, wie doch so vieles sich in ihm zusammendrängt. O kindisches Beginnen der eitlen Einbildung! Dem fehlt der Kummer, den die Phantasie gebildet, und den aufzubewahren das Gedächtniss sich geschämt; es fehlt jenem der Beistand, den Welt und Schicksal selbst geleistet, wiewohl er beide jetzt nur feindlich begrüssen möchte; und dieser bringt nicht mit in Anschlag das Alte, was von dem Neuen verdrängt ward, die Gedanken, die er unter dem Denken, die Vorstellungen, die er unter dem Lernen wieder verlor, und niemals ist die Rechnung richtig. Doch wäre sie es, wie tief verwundet es mich, dass Menschen denken mögen, dies sei Selbstbetrachtung, dies heisse Sich erkennen. Dafür auch wie dürftig endet das hochgepriesene Geschäft! die Phantasie ergreift das treue Bildniss der vergangenen Zeit, mit schöneren Umgebungen nicht sparsam, malt sie es in den leeren Raum der nächsten Zukunft, und sieht oft seufzend auf das Urbild noch zurück. So ist die letzte Frucht nur jene eitle Hoffnung, dass Besseres kommen werde, oder jene gemeine Klage, dass dahin sei, was so schön gewesen, und dass der Stoff des Lebens mehr und mehr von Tag zu Tage schmelzend der schönen Flamme bald das Ende zeige. So zeichnet die Zeit mit leeren Wünschen und mit eitlen Klagen brandmarkend schmerzlich ihre Sklaven, die entrinnen wollten, und macht den Schlechtesten dem Besten gleich, den sie eben so sicher sich wieder hascht. Wer statt der Thätigkeit des Geistes, die verborgen in seiner Tiefe sich regt, nur ihre äussere Erscheinung kennt und sieht; wer statt Sich anzuschauen nur immer von fern und nahe her ein Bild des äusseren Lebens und seines Wechsels sich zusammenholt: der bleibt der Zeit und der Nothwendigkeit ein Sklave; was er sinnt und denkt, trägt ihren Stempel, ist ihr Eigenthum, und nie, auch wenn sich selbst er zu betrachten wähnt, ist ihm vergönnt, das heilige Gebiet der Freiheit zu betreten. Denn in dem Bilde, was er sich von sich entwirft, ist er sich selbst zum äusseren Gegenstand geworden, wie alles andere ihm ist: und alles darin ist nur durch äussere Verhältnisse bestimmt. Wie ihm sein Dasein erscheint, was er dabei sich denkt und fühlt, alles hängt ab vom Gehalt der Zeit, und von desjenigen Beschaffenheit, was ihn berührt hat. Wer mit thierischem Gemüthe nur den Genuss sucht, dem scheint sein Leben arm oder reich, nachdem der angenehmen Augenblicke viel oder wenig verstrichen sind in gleicher Zeit; und dieses Bild betrachtet er mit Wohlgefallen oder nicht, je wie das günstigste darin das erste oder letzte war. Wer ein anmuthiges und gepriesenes Leben bilden wollte, hängt ab von Anderer Urtheil über sich, vom Boden, auf dem er stand, und von dem Stoff, den seiner Arbeit das Schicksal vorgelegt; so auch wer wohlthätig zu wirken strebte. Die beugen alle sich dem Zepter der Nothwendigkeit, und seufzen unter dem Fluch der Zeit, die nichts bestehen lässt.

Wie ihnen beim Leben zu Muthe ist, das gemahnt mich, wie wenn mannigfaltiger Töne kunstreicher Harmonie dem Ohr vorbeigerollt und nun verhallt ist, und dann mit dürftigem Nachklang sich des Halbkenners Phantasie noch abquält, und dem nachseufzt, was nicht wiederkehrt. Und so ist freilich das Leben nur eine flüchtige Harmonie, aus der Berührung des Vergänglichen und des Ewigen entsprungen: aber der Mensch ist gleich der kunstreichen Stimme, aus der jene Harmonie hervorgeht, der Anschauung ein unvergänglicher Gegenstand. Frei steht vor mir sein innerstes Handeln, in dem sein wahres Wesen besteht; und wenn ich dieses betrachte, fühle ich mich auf dem heiligen Boden der Freiheit, und fern von allen unwürdigen Schranken. Darum muss auf mich selbst mein Auge gerichtet sein, um jeden Moment nicht nur verstreichen zu lassen als einen Theil der Zeit, sondern als Element der Ewigkeit ihn festzuhalten, und als inneres freies Leben ihn anzuschauen.

Nur für den giebt es Freiheit und Unendlichkeit, der wohl zu sondern weiss, was in seinem Dasein Er selbst ist und was Fremdes, was in der Welt ihm Fremdes, was Er selbst; ja nur für den, der klar das grosse Räthsel, wie beides zu scheiden ist, und wie es in einander wirkt, sich gelöst, ein Räthsel, in dessen alten Finsternissen noch Tausende sich quälen, und hingegeben, weil das eigene Licht verloschen, dem trügerischsten Scheine folgen müssen. Die Aussenwelt, die Welt vom Geist geleert, ist jedem von der Menge das grösste und erste, der Geist ein kleiner Gast nur auf der Welt, nicht sicher seines Orts und seiner Kräfte. Mir stellt der Geist, die Innenwelt, sich kühn der Aussenwelt, dem Reich des Stoffs, der Dinge, gegenüber. Deutet nicht des Geistes Vermählung mit dem Leibe auf seine grosse Vermählung mit Allem, was leibähnlich ist? Erfasse ich nicht mit meiner Sinne Kraft die Aussenwelt? trage ich nicht die ewigen Formen der Dinge ewig in mir? und erkenne ich sie nicht so nur als den hellen Spiegel meines Innern? Jene fühlen sich voll Ehrfurcht ja in Furcht darnieder gedrückt von den unendlich grossen und schweren Massen des Erdenstoffes, zwischen denen sie so klein sich und so unbedeutend scheinen; mir ist das Alles nur der grosse gemeinschaftliche Leib der Menschheit, wie der eigene Leib dem Einzelnen gehört, ihr angehörig, nur durch sie möglich und ihr mitgegeben, dass sie ihn beherrsche, sich durch ihn verkünde. Ihr freies Thun ist auf ihn hingerichtet, um alle seine Pulse zu fühlen, ihn zu bilden, alles sich in Organe umzuwandeln, und alle seine Theile mit der Gegenwart des königlichen Geistes zu zeichnen, zu beleben. So ist die Erde mir der Schauplatz meines freien Thuns; und auch in jeglichem Gefühl, wie sehr die Aussenwelt es ganz mir aufzudringen scheine, in denen auch, worin ich ihre und des grossen Ganzen Gemeinschaft empfinde, dennoch freie innere Thätigkeit. Nichts ist nur Wirkung von ihr auf mich, nein, immer geht auch Wirkung von mir aus auf sie; und nicht in anderem Sinne fühle ich mich durch sie beschränkt als durch den eigenen Leib. Doch was ich wahrhaft mir dem Einzelnen entgegensetze, was mir zunächst Welt ist, Allgegenwart und Allmacht in sich schliessend, das ist die ewige Gemeinschaft der Geister, ihr Einfluss auf einander, ihr gegenseitig Bilden, die hohe Harmonie der Freiheit. Und ihr gebührt es zu verwandeln und zu bilden die Oberfläche meines Wesens, und auf mich einzuwirken. Hier, und nur hier ist der Notwendigkeit Gebiet. Mein Thun ist frei, nicht so mein Wirken in der Welt der Geister; das folget ewigen Gesetzen. Es stösst die Freiheit an der Freiheit sich, und was geschieht, trägt der Beschränkung und Gemeinschaft Zeichen. Ja, du bist überall das erste, heilige Freiheit! du wohnst in mir, in Allen; Nothwendigkeit ist ausser uns gesetzt, ist der bestimmte Ton vom schönen Zusammenstoss der Freiheit, der ihr Dasein verkündet. Mich kann ich nur als Freiheit anschauen; was nothwendig ist, ist nicht mein Thun, es ist sein Widerschein, es sind die Elemente der Welt, die in der fröhlichen Gemeinschaft mit Allem ich erschaffen helfe. Ihr gehören die Werke, die auf gemeinschaftlichem Boden mit Anderen ich erbaut als meinen Antheil an der Schöpfung, die unsere inneren Gedanken darstellt; ihr der bald steigenden, bald fallenden Gefühle Gehalt; ihr die Bilder, die kommen und vergehen, und was sonst wechselnd ins Gemüth die Zeit bringt und hinwegnimmt, als Zeichen, dass Geist und Geist sich liebevoll begegnet, als den Kuss der Freundschaft zwischen beiden, der sich anders immer wiederholt. Dies geht, der Tanz der Horen, melodisch und harmonisch nach dem Zeitmaass; doch Freiheit setzt die Harmonie und giebt die Tonart, und alle zarten Uebergänge sind ihr Werk; sie gehen aus dem inneren Handeln und aus dem eigenen Sinn des Menschen selbst hervor.

So ist die Freiheit mir in Allem das Ursprüngliche, und wie das Erste so das Innerste. Wenn ich in mich zurückgehe, um sie anzuschauen: so ist mein Blick auch ausgewandert aus dem Gebiet der Zeit, und frei von der Nothwendigkeit Schranken; es weichet jedes drückende Gefühl der Knechtschaft, es wird der Geist sein schöpferisches Wesen inne, das Licht der Gottheit geht mir auf und scheucht die Nebel weit zurück, in denen jene traurig irrend wandeln. Und wie ich mich finde, wie mich erkenne durch die Betrachtung, das hängt nicht ab von Schicksal oder Glück, nicht davon, wie viel der frohen Stunden ich geerndtet, noch was gefördert ist und feststeht durch mein Thun, und wie die äussere Darstellung dem Willen ist gelungen: denn das ist alles ja nicht Ich, ist nur die Welt. Es mochte das Handeln, welches ich betrachte, darauf gerichtet sein, der Menschheit ihren grossen Körper zu eignen, ihn zu nähren, die Organe ihm zu schärfen, oder mimisch und kunstreich ihn zu bilden zum Abdruck der Vernunft und des Gemüthes: wie ich ihn bei dem Geschäft zu meinem Dienst schon tüchtig fand, wie leicht zu bilden und zu beherrschen die rohe Masse durch des Geistes Macht, dadurch wird zwar die Herrschaft bezeichnet, die schon die Freiheit Aller über ihn geübt, es wird bestimmt, was weiter erfolgen kann, was nicht; allein des Handelns innere Kraft wird dadurch nicht bestimmt, mich selbst fühle ich darum nicht besser und nicht schlechter, ob die äusseren Bedingungen des Handelns ungünstig sind, ob günstig, noch finde ich, dass dadurch die Welt mit eiserner Nothwendigkeit mir vorgezeichnet, wie viel ich sein darf. Und wie der starken gesunden Seele der Schmerz die Herrschaft über ihren Leib nicht leicht entreisst: so fühle auch ich mich frei beseelend und regierend den rohen Stoff, gleichviel, ob Schmerz, ob Freude folge. Es zeigen beide das innere Leben an, und inneres Leben ist des Geistes Werk und freie That. -- Oder war mein Thun darauf gerichtet, die Menschheit in mir zu bestimmen, von ihr in eigener Gestalt und festen Zügen eine Seite darzustellen, und so selbst werdend Welt zugleich zu bilden, indem ich der Gemeinschaft freier Geister ein eigenes und freies Handeln darbot: es bleibt dasselbe dem darauf gewandten Blick, ob nun unmittelbar etwas daraus entstand, das ausser mir auch und für Andere feststeht, ob nicht; und ob mein Handeln gleich dem Handeln eines Anderen sich verband, ob nicht. Mein Thun war doch nicht leer; bin ich nur in mir selbst bestimmter und eigenthümlicher geworden, so habe ich durch mein Werden auch dazu doch den Grund gelegt, dass anders als zuvor, sei es früher oder später, das Handeln eines Anderen auf meines treffend sichtbare That vermählend stiftet. Daher denn kehre ich nimmer traurig von der Betrachtung meiner selbst zurück, noch singe ich jemals dem gebrochenen Willen, dem überwundenen Entschlusse Klagelieder nach, gleich denen, welche nicht ins Innere dringen, und nur im Einzelnen und Aeusseren sich selbst zu finden wähnen.

Klar wie der Unterschied des Inneren und Aeusseren vor mir steht, so weiss ich, wer ich bin, und finde mich selbst im inneren Handeln nur, im Aeusseren nur die Welt; und beides weiss ich wohl zu scheiden, nicht ungewiss wie Jene zwischen beiden schwankend in verwirrungsvoller Dunkelheit. Darum weiss ich auch, wo Freiheit ist zu suchen und ihr heiliges Gefühl, das dem sich stets verweigert, dessen Blick nur auf dem äusseren Thun und Leben der Menschen weilt. Wie sehr ein solcher sich vertiefen mag in tausend Irrgängen der Betrachtung sinnend und denkend hin und her; und könnte er Alles leicht erreichen: diesen Begriff versagt sein Denken ihm. Er folgt nicht nur dem Winke der Nothwendigkeit: in abergläubiger Weisheit, in knechtischer Demuth muss er sie suchen, muss sie glauben, auch wo er sie nicht sieht; und Freiheit scheint ihm nur eine Larve, hinter welche bald zum Scherz, bald ernst betrügerisch sich die Nothwendigkeit verbirgt. So sieht der Sinnliche, wie nur äusserlich sein Thun ist und sein Denken, auch Alles nur vereinzelt und äusserlich. Er kann sich selbst auch für nichts Anderes nehmen, als einen Inbegriff von flüchtigen Erscheinungen, deren immer eine die andere aufhebt und zerstört, die nicht zusammen zu begreifen sind; ein volles Bild von seinem Wesen zerfliesst in tausend Widersprüchen ihm. Wohl widerspricht im äusserlichen Wirken ein Einzelnes dem anderen, das Wirken hebt Leiden auf, das Denken zerstört Empfindung, und das Anschauen dringt unthätige Ruhe den regen Kräften, die nach aussen streben, ab. Im Inneren aber ist Alles Eins, ein jedes Handeln ist Ergänzung nur zum anderen, in jedem ist das Andere auch enthalten. Darum hebt auch weit über das Einzelne, das in bestimmter Folge und festen Schranken sich übersehen lässt, die Selbstanschauung mich hinaus. Es giebt kein Handeln in mir, das ich vereinzelt recht betrachten, keines, von dem ich dann sagen könnte, es sei ein Ganzes. Ein jedes Thun führt immer mich auf die ganze Einheit meines Wesens zurück, nichts ist getheilt, und jede Thätigkeit begleitet die andere; es findet die Betrachtung keine Schranken, muss immer unvollendet bleiben, wenn sie lebendig bleiben will. Mein ganzes Wesen kann ich wieder nicht vernehmen, ohne die Menschheit anzuschauen, und meinen Ort und Stand in ihrem Reich mir zu bestimmen; und die Menschheit, wer vermöchte sie zu denken, ohne dass Sehnsucht ihn erfüllte, sich ins unermessliche Gebiet aller Gestaltungen und Stufen des Geistes denkend zu verlieren.

Sie ist es also die hohe Selbstbetrachtung, und sie ist es allein, die mich in Stand setzt, der erhabenen Forderung zu genügen, dass der Mensch nicht sterblich nur im Reich der Zeit, auch im Gebiet der Ewigkeit unsterblich, nicht irdisch nur, auch göttlich soll sein Leben führen. Leicht fliesst dahin mein irdisch Thun im Strom der Zeit, es wandeln sich Vorstellungen und Gefühle, und ich vermag nicht Eines festzuhalten; schnell fliegt vorbei der Schauplatz, den ich spielend mir gebildet, und auf der sicheren Welle führt der Strom mich Neuem stets entgegen: so oft ich aber ins innere Selbst den Blick zurückwende, bin ich zugleich im Reich der Ewigkeit; ich schaue des Geistes Leben an, das keine Welt verwandeln, und keine Zeit zerstoren kann, das selbst erst Welt und Zeit erschafft. Auch bedarf es nicht etwa der Stunde, die ein Jahr von dem andern trennt, mich aufzufordern zum Genuss des ewigen, und mir das Auge des Geistes zu wecken, welches Vielen ja geschlossen ist, wenn auch das Herz schlägt, und die Glieder sich regen. Immer möchte das göttliche Leben führen, wer es einmal gekostet hat: jegliches Thun soll begleiten der Blick in des Geistes Geheimnisse; so kann jeden Augenblick der Mensch auch über der Zeit leben, zugleich in der höheren Welt.

Es sagen zwar die Weisen selbst, mässig sollst du dich mit Einem begnügen, Leben sei Eins, und in der Tiefe der Betrachtung sich verlieren, ein Anderes; indem du getragen werdest von der Zeit geschäftig in der Welt, könnest du nicht zugleich ruhig dich anschauen in deinem innersten Wesen. Es sagen die Künstler, indem du bildest und dichtest, müsse die Seele ganz verloren sein in das Werk, und dürfe nicht wissen, was sie beginnt. Aber wage es, meine Seele, trotz der verständigen Warnung! eile entgegen deinem Ziele, das ein anderes vielleicht ist, als das ihre. Mehr kann der Mensch, als er meint; aber auch dem Höchsten nachstrebend, erreicht er nur Einiges. Kann das geheimste innerste Denken des Weisen zugleich ein äusseres Handeln sein hinaus in die Welt zur Mittheilung und Belehrung; warum soll denn nicht äusseres Handeln in der Welt, was es auch sei, zugleich sein können ein stilles Betrachten des Handelns? Ist das Schauen des Geistes in sich selbst die göttliche Quelle alles Bildens und Dichtens, und findet er nur in sich, was er darstellt im unsterblichen Werk: warum soll nicht bei allem Bilden und Dichten, das immer nur ihn darstellt, er auch zurückschauen in sich selbst? Theile nicht, was ewig vereint ist, Dein Wesen, das weder das Thun noch das Wissen um sein Thun entbehren kann, ohne sich zu zerstören! Bewege Alles in der Welt, und richte aus, was Du vermagst, gieb Dich hin dem Gefühl Deiner angeborenen Schranken, bearbeite jedes Mittel der geistigen Gemeinschaft, stelle dar Dein Eigenthümliches, und zeichne mit Deinem Gepräge Alles, was Dich umgiebt, arbeite an den heiligen Werken der Menschheit, ziehe an die befreundeten Geister: aber immer schaue in Dich selbst, wisse was Du thust, und erkenne Deines Handelns Maass und Gestalt. Der Gedanke, mit dem sie die Gottheit zu denken meinen, welche sie nimmer erreichen, hat doch die Wahrheit eines schönen Sinnbildes von dem, was der Mensch sein soll. Kraft seines Willens ist die Welt da für den Geist; höchste Freiheit ist die Thätigkeit, die sich in seinem wechselnden, sie bildenden Handeln ausdrückt; und unverrückt in diesem Handeln sich seiner selbst bewusst, als immer desselben, feiert er ein seliges Leben. So dass der Geist nichts bedarf, als sich selbst; und weder vergeht je die Betrachtung dem zurückbleibenden Gegenstand, noch stirbt der Gegenstand vor der überlebenden Betrachtung. So haben sie auch gedichtet die Unsterblichkeit, die sie allzu genügsam erst nach der Zeit suchen, statt in und über der Zeit, und ihre Fabeln sind weiser als sie selbst. Dem sinnlichen Menschen erscheint ja das innere Handeln nur als ein Schatten der äusseren That, und ins Reich der Schatten haben sie die Seele auf ewig gesetzt, und gemeint, dass dort unten nur ein dürftiges Bild der früheren Thätigkeit ein dunkles Leben ihr friste: aber klarer als der Olymp ist das, was der dürftige Sinn verbannte in unterirdische Finsterniss, und das Reich der Schatten sei mir schon hier das Urbild der Wirklichkeit. Jenseit der zeitlichen Welt liegt ihnen ja die Gottheit, und die Gottheit anzuschauen und zu loben, haben sie den Menschen nach dem Tode auf ewig befreit von den Schranken der Zeit: aber es schwebt schon jetzt der Geist über der zeitlichen Weite, und solches Schauen ist Ewigkeit, und unsterblicher Gesänge himmlischer Genuss. Beginne darum schon jetzt Dein ewiges Leben in steter Selbstbetrachtung; sorge nicht um das, was kommen wird, weine nicht um das, was vergeht: aber sorge, Dich selbst nicht zu verlieren, und weine, wenn Du dahin treibst im Strome der Zeit, ohne den Himmel in Dir zu tragen.

II. Prüfungen.

Es scheuen die Menschen in sich selbst zu sehen, und knechtisch erzittern Viele, wenn sie endlich länger nicht der Frage ausweichen können, was sie gethan, was sie geworden, wer sie sind. Aengstlich ist ihnen das Geschäft, und ungewiss der Ausgang. Sie meinen, leichter könne ein Mensch den andern kennen, als sich selbst; sie glauben, nur würdige Bescheidenheit zu zeigen, wenn sie nach der strengsten Untersuchung sich noch den Irrthum in der Rechnung vorbehalten. Doch ist es nur der Wille, der den Menschen vor sich selbst verbirgt; das Urtheil kann nicht irren, wenn er anders den Blick nur wirklich auf sich wendet. Aber das ist es, was sie weder können noch mögen. Es halten das Leben und die Welt sie ganz gebunden, und absichtlich das Auge beschränkt, um ja nichts Anderes wahrzunehmen, erblicken sie stets von sich nur trüben Schatten, gauklerischen Widerschein. Den Anderen zwar kann ich nur aus seinen Thaten kennen, denn niemals tritt sein inneres Leben selbst vor mein Auge. Was eigentlich er strebte, kann ich unmittelbar nie wissen; nur die Thaten vergleiche ich unter sich, und darf unsicher nur vermuthen, worauf die Handlung wohl in ihm gerichtet war, und welcher Geist ihn trieb. Doch Schmach, wer auch sich selbst nur wie der Fremde den Fremden betrachtet! wer auch um sein eigenes inneres Leben nicht weiss, und Wunder wie klug sich dünket, indem er nur den letzten auf äussere That gerichteten Entschluss belauscht, mit dem Gefühl, das ihn begleitet, mit dem Begriff, der ihm unmittelbar voranging, ihn zusammenstellt! Wie will der je den Andern oder sich erkennen? was kann beim Schluss vom Aeussern auf das Innere die schwankende Vermuthung leiten, dem der auf nichts unmittelbar Gewisses bauend mit lauter unbekannten Grössen rechnen will? Ein stetes Vorgefühl des Irrthums erzeugt ihm Bangigkeit; die dunkle Ahnung, er sei selbstverschuldet, beengt das Herz; und unstät schweifen die Gedanken aus Scheu vor jenem kleinen Antheil des Selbstbewusstseins, den leider herabgewürdigt zum Zuchtmeister er bei sich tragen, und ungern öfters hören muss.

Wohl haben sie Ursache, zu besorgen, wenn sie redlich das innere Thun, das ihrem Leben zum Grunde lag, erforschten, sie möchten oft nicht die Vernunft darin erkennen, und möchten das Gewissen, dieses Bewusstsein der Menschheit, schwer verletzt sehen: denn wer sein letztes Handeln nicht betrachtet hat, kann auch nicht Bürgschaft leisten, ob er beim nächsten noch bewähren wird, dass er der Menschheit angehöre, und ihrer werth sich zeigen. Den Faden des Selbstbewusstseins hat ein solcher, sei es niemals angesponnen, sei es wieder zerrissen, hat sich einmal nur der äusseren Vorstellung, dem niederen Gefühl ergeben, und dem entsagt, worin am deutlichsten die höhere Natur sich zeigt; wie kann er wissen, ob er nicht in plumpe Thierheit ist hinabgestürzt? Die Menschheit in sich selbst betrachten, und wenn man einmal sie gefunden, nie den Blick von ihr verwenden, dies ist das einzige sichere Mittel, aus ihrem heiligen Gebiet nie zu verirren, und nie das edelste Gefühl des eigenen Selbstes zu vermissen. Dies ist die innige und nothwendige, nur Thoren und Menschen trägen Sinnes unerklärte und geheimnissvolle Verbindung zwischen Thun und Schauen. Ein wahrhaft menschlich Handeln erzeugt das klare Bewusstsein der Menschheit in mir, und dies Bewusstsein lässt kein anderes als der Menschheit würdiges Handeln zu. Wer sich zu dieser Klarheit nie erheben kann, den treibt vergeblich dunkle Ahnung nur umher; vergebens wird er erzogen und gewöhnt, sinnt sich tausend hilfreiche Künste aus, und fasst Entschlüsse, um sich gewaltsam wieder hinein zu drängen in die verlassene Gemeinschaft: es öffnen sich die heiligen Schranken nicht, er bleibt auf ungeweihtem Boden, und kann nicht der gereizten Gottheit Verfolgungen entgehen, und dem schmählichen Gefühle der Verbannung aus dem Vaterlande. Eitler Tand ist's immer und leeres Beginnen, im Reich der Freiheit Regeln geben und Versuche machen. Ein einziger freier Entschluss gehört dazu ein Mensch zu sein: wer den einmal gefasst, wird es immer bleiben; wer aufhört, es zu sein, ist es nie gewesen.

Mit stolzer Freude denke ich noch der Zeit, da ich das Bewusstsein der Menschheit fand, und wusste, dass ich nun nie es mehr verlieren würde. Von innen kam die hohe Offenbarung, durch keine Tugendlehren und kein System der Weisen hervorgebracht: das lange Suchen, dem nicht dies, nicht jene genügen wollten, krönte ein heller Augenblick; die Freiheit löste die dunklen Zweifel durch die That. Ich darf es sagen, dass ich nie seitdem mich selbst verloren. Was sie Gewissen nennen, kenne ich so nicht mehr; so straft mich kein Gefühl, so braucht mich keines zu mahnen. Auch strebe ich nicht seitdem nach der und jener Tugend, und freue mich besonders dieser oder jener Handlung, wie Jene, denen nur im flüchtigen Leben einzeln und bisweilen ein zweifelhaftes Zeugniss der Vernunft erscheint. In stiller Ruhe, in wechselloser Einfalt führe ich ununterbrochen das Bewusstsein der ganzen Menschheit in mir. Gern und leichtes Herzens sehe ich oft mein Handeln im Zusammenhang, und sicher, dass ich nirgend etwas, was die Vernunft verleugnen müsste, finden werde.

Wenn dies das Einzige wäre, was ich von mir fordere: wie lange könnte ich mich zur Ruhe begeben, und vollendet das Ende suchen! Denn unerschüttert fest steht die Gewissheit, und es würde mir strafwürdige Feigheit scheinen, die mein Sinn nicht kennt, wenn ich von langer Lebenszeit erst vollere Bestätigung erwarten, und bange zweifeln wollte, ob nicht doch etwas sich ereignen könnte, was im Stande wäre, mich hinabzustürzen von der Höhe der Vernunft zu thierischer Verworrenheit und sinnlicher Vereinzelung. Aber Zweifel sind auch mir noch mitgegeben; es ward ein anderes und höheres Ziel mir vorgesteckt, als jenes erreicht war, und bald stärker, bald schwächer es im Auge habend, weiss nicht immer die Selbstbetrachtung, auf welchem Wege ich mich ihm nähere, auf welchem Punkt des Weges ich stehe, und schwankt im Urtheil. Doch wird es sicherer und bestätigt sich mehr, je öfter ich wiederkehre zur alten Untersuchung. Wäre aber auch Gewissheit mir noch so fern, ich wollte doch nur schweigend suchen und nicht klagen: denn stärker als der Zweifel ist die Freude, gefunden zu haben, was ich suchen soll, und dem gemeinen Wahn entronnen zu sein, der viele der Besseren zeitlebens täuscht, und sie verhindert, zur rechten Höhe des Lebens sich empor zu schwingen. Lange genügte es auch mir, nur die Vernunft gefunden zu haben; und die Gleichheit des Einen Daseins als das Einzige und Höchste verehrend glaubte ich, es gebe nur Ein Rechtes für jeden Fall, es müsse das Handeln in Allen dasselbe sein, und nur wiefern doch Jedem seine eigene Lage, sein eigener Ort gegeben sei, unterscheide sich Einer vom Andern. Nur in der Mannigfaltigkeit der äusseren Thaten offenbare sich verschieden die Menschheit; der innere Mensch, der Einzelne sei nicht ein eigenthümlich gebildet Wesen, sondern überall ein jeder an sich dem andern gleich.

So besinnt sich nur allmälig der Mensch, und nicht vollkommen Alle! Wenn einer die unwürdige Einzelheit des sinnlichen thierischen Lebens verschmähend das Bewusstsein der allgemeinen Menschheit gewinnt, und vor der Pflicht sich niederwirft, vermag er nicht sogleich auch zu der höheren Eigenheit der Bildung und der Sittlichkeit empor zu blicken, und die Natur, die durch die Freiheit ausgebildet, mit ihr ganz eins geworden, zu schauen und zu verstehen. In unbestimmter Mitte schwebend erhalten sich die Meisten, und zeigen zwar wirklich alle Bestandteile der Menschheit; aber wie das Gestein, dem Ruhe nicht ward noch Raum, zur eigenthümlichen Gestaltung sich zu krystallisiren, nur als rohe Masse erscheint: so alle die, welche den Gedanken der Eigenthümlichkeit des Einzelwesens nicht gefasst. Mich hat er ergriffen. Nicht lange beruhigte mich das Gefühl der Freiheit allein; ich fragte, warum doch die Persönlichkeit und die Einheit des fliessenden vergänglichen Bewusstseins in mir; und es drängte mich, ein höheres sittliches zu suchen, dessen Bedeutung sie wäre. Mir wollte nicht genügen, dass die Menschheit nur dasein sollte als eine gleichförmige Masse, die zwar äusserlich zerstückelt erschiene, doch so, dass Alles innerlich dasselbe sei. Es nahm mich Wunder, dass die besondere geistige Gestalt der Menschen ganz ohne inneren Grund auf äussere Weise nur durch Reibung und Berührung sich sollte zur zusammengehaltenen Einheit der vorübergehenden Erscheinung bilden.

So ist mir aufgegangen, was seitdem am meisten mich erhebt; so ist mir klar geworden, dass jeder Mensch auf eigene Art die Menschheit darstellen soll, in eigener Mischung ihrer Elemente, damit auf jede Weise sie sich offenbare, und Alles wirklich werde in der Fülle des Raumes und der Zeit, was irgend Verschiedenes aus ihrem Schoosse hervorgehen kann. Mich hat vorzüglich dieser Gedanke emporgehoben und gesondert von dem Geringeren und Ungebildeten, das mich umgiebt; ich fühle mich durch ihn ein einzeln gewolltes also auserlesenes Werk der Gottheit, das besonderer Gestalt und Bildung sich erfreuen soll; und die freie That, zu der dieser Gedanke gehört, hat versammelt und innig verbunden zu einem eigenthümlichen Dasein die Elemente der menschlichen Natur. Hätte ich stets seitdem das Eigene in meinem Thun auch so bestimmt gefühlt und so beharrlich es betrachtet, wie ich immer das Menschliche in mir geschaut; wäre ich jedes Handelns und Beschränkens, das Folge ist von jener freien That, mir eigens bewusst geworden, und hätte ich unverrückt auch jeder Aeusserung der

Natur bei ihrer weiteren Bildung recht zugesehen: so könnte ich auch darüber keinen Zweifel hegen, welches Gebiet der Menschheit mir angehöre, und wo von meiner Ausdehnung und meinen Schranken der gemeinschaftliche Grund zu suchen sei; den ganzen Inhalt meines Wesens müsste ich genau ermessen, auf allen Punkten meine Grenzen kennen, und prophetisch wissen, was ich noch sein und werden kann. Allein nur schwer und spät gelangt der Mensch zum vollen Bewusstsein seiner Eigentümlichkeit; nicht immer wagt er es, darauf hinzusehen, und richtet lieber das Auge auf den Gemeinbesitz der Menschheit, den er liebend und dankbar schon länger festhält, ja zweifelt oft, ob ihm gebühre, sich als eigenes Wesen wieder gewissermaassen loszureissen aus der Gemeinschaft, und ob er nicht Gefahr laufe, wieder zurückzusinken in die alte strafwürdige Beschränktheit auf den engen Kreis der äusseren Persönlichkeit, das Sinnliche verwechselnd mit dem Geistigen, und spät erst lernt er recht das höchste Vorrecht schätzen und gebrauchen. So muss das unterbrochene Bewusstsein lange schwankend bleiben; das eigenste Bestreben der Natur wird oftmals nicht bemerkt, und wenn am deutlichsten sich ihre Schranken offenbaren, gleitet das Auge nur allzu leicht oft an den Umrissen vorbei, und hält da nur das unbestimmte Gemeinsame fest, wo eben in der Verneinung sich das eigene zeigt. Zufrieden darf ich damit sein, wie weit der Wille die Trägheit schon gezähmt, und wie die Uebung den Blick geschärft, dem wenig mehr entgeht. Wo ich jetzt, was es sei, nach meinem Geist und Sinne betreibe, da stellt die Phantasie zum deutlichsten Beweise der inneren Bestimmtheit noch tausend Arten vor, wie, ohne der Menschheit Gesetze zu verletzen, anders gehandelt werden konnte, in anderem Geist und Sinn; ich denke mich in tausend Bildungen hinein, um desto deutlicher die eigene zu erblicken.

Doch weil noch nicht vollendet das Bild in allen Zügen vor mir steht, und weil noch nicht ein immer ununterbrochener Zusammenhang des hellen Selbstbewusstseins mir für seine Wahrheit bürgt, darf auch noch nicht in immer gleicher und ruhiger Haltung die Selbstbetrachtung gehen; absichtlich muss sie öfter sich das ganze Thun und Streben und die Geschichte meines Selbst vergegenwärtigen, und darf der Freunde Meinung, die ich gern ins Innere schauen lasse, nicht überhören, wenn ihre Stimme von dem eigenen Urtheil abweicht. Zwar scheine ich mir derselbe noch zu sein, der ich gewesen, als mein besseres Leben anfing, nur fester und bestimmter. Wie sollte auch wohl der Mensch, nachdem er einmal zum unabhängigen und eigenen Dasein gelangt ist, mitten im Werden und sich Bilden plötzlich eine andere Richtung nehmen in sich selbst? oder wie sollte es ihm begegnen, ohne dass er es wüsste? Was uns nicht selten so erscheint, ist doch gewiss entweder nur Schein, der auf dem Wechsel der äusseren Gegenstände beruht, oder es ist Berichtigung unserer früheren Ansicht, und enthüllt uns tiefer eines Menschen inneres Wesen, den wir vorher zu flüchtig falsch beurtheilt. Vor allem aber mich selbst habe ich entweder nie verstanden, oder ich bin noch jetzt, der ich zu sein geglaubt; und jeder scheinbare Widerspruch muss mir, wenn die Betrachtung ihn gelöst, nur um so sicherer zeigen, wo und wie die letzten Enden meines Wesens verborgen und zur Harmonie verbunden sind.

Von allen Gegensätzen im Beruf und Thun der Menschen, in denen sich zugleich die Verschiedenheit ihrer Naturen bekundet, tritt immer noch dieser mir, was mich betrifft, am stärksten entgegen. Die Menschheit in sich zu einer entschiedenen Gestalt durch wechselreiches Handeln bilden, und sie kunstreiche Werke verfertigend äusserlich so darstellen, dass jeder, was man zeigen wollte, erkennen muss, dies beides ist zu sehr zweierlei, als dass es Vielen könnte in gleichem Maasse beschieden sein. Wer freilich noch in dem äusseren Vorhof der Sittlichkeit sich aufhält, und als Neuling, aus Furcht sich zu beschränken, noch fester Bestimmung abhold ist, der wird gern beides in rohen Versuchen durch einander werfen, in beiden wenig leistend; und so schwankt auch das Leben der meisten Menschen von einer zu der anderen Seite. Doch wer schon tiefer eingedrungen ist in das Heiligthum der Sittlichkeit, wird bald dem einen vorzugsweise nachstreben, und nur sparsame Gemeinschaft bleibt ihm übrig mit dem anderen. Erst am Ende scheinen sich beide Bahnen einander wieder zu nähern, so dass beides zu vereinen nur eine solche Vollkommenheit vermag, die selten der Mensch erreicht. Wie könnte mir es zweifelhaft erscheinen, welche von beiden ich gewählt? So ganz entschieden vermied ich immer mich um das zu mühen, was den Künstler macht, so sehnsuchtsvoll ergriff ich Alles, was der eigenen Bildung frommt, und ihre Bestimmung beschleunigt und befestigt, dass hier kein Zweifel bleibt. Es jagt der Künstler von allem, was Zeichen und Symbol der Menschheit werden kann, mit ungeteilter Liebe einem nach; der wühlt den Schatz der Sprachen durch, das Chaos der Töne bildet der zur Welt; der sucht geheimen Sinn und Harmonie im schönen Farbenspiele der Natur; in jedem Werk, das sich ihnen darstellt, ergründen sie den Eindruck aller Theile, des Ganzen Zusammenfassung und Gesetz, und freuen sich des kunstreichen Gefässes mehr oft als des köstlichen Gehaltes, den es darbeut. Dann bilden sich in ihnen neue Gedanken zu neuen Werken, sie nähren heimlich sich im Gemüth und wachsen, in stiller Verborgenheit gepflegt. Es rastet nimmer der Fleiss, es wechseln Entwurf und Ausführung. Es bessert immer allmälig die Uebung unermüdet, das reifere Urtheil zügelt und bändigt die Phantasie, so geht des Künstlers bildende Natur entgegen dem Ziele der Vollkommenheit.

Mir aber hat dies Alles nur an Anderen der Sinn erspäht; doch meinem eigenen Treiben bleibt es fremd. Andächtig zwar betrachte ich gern der Künstler Werke; aber aus jedem Kunstwerk strahlet mir, was Menschliches darin ist abgebildet, weit heller als des Bildners Kunst entgegen; nur mit Mühe ergreife ich diese in späterer Betrachtung, und erkenne nur ein wenig von ihrem Wesen. Ich gebe frei mich hin der freien Natur: und wie sie ihre schönen bedeutungsvollen Zeichen mir darbeut, wecken sie alle in mir Empfindungen und Gedanken, ohne dass mich es je gewaltsam drängte, was ich geschaut umbildend anders und bestimmter zu eigenem Werke zu gestalten. Und muss ich irgend wie darstellen, niemals liegt es mir am Herzen, dem Stoff die letzte Spur des Widerstrebens wegzuglätten, das Werk bis zur Vollendung zu zwingen, wie der Künstler strebt; darum scheue ich Uebung, und wenn ich einmal in Handlung dargestellt, was in mir wohnt, so mühe ich mich nicht weiter, dass etwas schöner immer und fasslicher die That sich oft erneue. Die freie Musse ist meine liebe Göttin, da lernt im unbefangenen Sinnen der Mensch sich selbst begreifen und bestimmen, da gründet der Gedanke seine Macht, und herrscht dann leicht über Alles, wenn die Welt auch Thaten von ihm fordert. Darum darf ich auch nicht, wie der Künstler, einsam bilden; es trocknen mir in der Einsamkeit die Säfte des Gemüths, es stocket der Gedanken Lauf; ich muss hinaus in mancherlei Gemeinschaft mit den anderen Geistern, nicht nur zu schauen, wieviel es Menschliches giebt, was lange ja wohl immer mir fremd bleibt, und was hingegen mein eigen werden kann, nein auch immer fester durch Geben und Empfangen das eigene Wesen zu bestimmen. Der ungestillte Durst es weiter stets zu bilden verstattet nicht, dass ich der That, der Mittheilung des Innern, auch äussere Vollendung gebe; ich stelle die Handlung und die Rede hin in die Welt, es kümmert mich nicht, ob Schauende und Hörer mit ihrem Sinn durchdringen durch die rauhe Schale, ob sie den innersten Gedanken, den eigenen Geist auch in der unvollkommeneren Darstellung glücklich finden. Mir bleibt nicht Zeit, nicht Lust darnach zu fragen; fort muss ich von der Stelle, wo ich stand, durch neues Thun und Denken im kurzen Leben noch das eigene Wesen, so weit es möglich, zu vollenden. Schon zweimal zu wiederholen hasse ich, ein unkünstlerisch Gemüth. Darum mag ich Alles gern in Gemeinschaft treiben: beim inneren Denken, beim Anschauen, beim Aneignen des Fremden bedarf ich irgend eines geliebten Wesens Gegenwart, dass gleich an die innere That sich reihe die Mittheilung, und durch die süsse und leichte Gabe der Freundschaft ich mich leicht abfinde mit der Welt. So war es, so ist es, und noch bin ich so fern von meinem Ziele, dass ich es aufgebe, jemals darüber hinaus zu kommen. Wohl habe ich Recht, was auch die Freunde sagen, mich auszuschliessen aus dem heiligen Gebiet der Künstler. Gern sage ich Allem ab, was sie mir liehen, wenn ich nur in dem Felde, wo ich mich hingestellt, mich weniger unvollendet finde.

So öffne sich denn noch einmal meiner prüfenden Betrachtung das weit verbreitete Gebiet der Menschheit, das die bewohnen, die nur in sich hinein zu wirken trachten, nicht ausser sich ein bleibend Werk hervorzubringen, die nur den Geist durch Alles, was sie umgiebt, zu nähren bedacht, und dann zufrieden sind, in wechselreichem Thun sich darzustellen, wie es Zeit und Ort ergiebt. Hier will ich schauen, ob mir ein eigener Platz gebührt, ob nicht; ob in mir ist, was sich zusammenreimt, oder ob ein innerer Widerspruch verhindert, dass die Zeichnung sich nicht schliessen kann, und bald als ein verunglückter Entwurf mein eigenes Wesen, statt die Vollendung zu erreichen, sich auflöst in ein leeres Nichts. O nein, ich darf nicht fürchten, es erhebt sich kein traurig ahnendes Gefühl im Innern des Gemüths! ich erkenne, wie Alles in einander greift, ein wahres Ganzes zu bilden, ich fühle keinen fremden Bestandtheil, der mich drückt, auch fehlt mir kein Organ, kein edles Glied zum eigenen Leben. Wer sich zu einem bestimmten Wesen bilden will, dem muss der Sinn geöffnet sein für Alles, was er nicht ist. Auch hier im Gebiet der höchsten Sittlichkeit regiert dieselbe genaue Verbindung zwischen Thun und Schauen. Nur wenn der Mensch im gegenwärtigen Handeln sich seiner Eigenheit bewusst ist, kann er sicher sein, sie auch im künftigen nicht zu verletzen; und nur wenn er von sich beständig fordert, die ganze Menschheit anzuschauen, und jeder anderen Darstellung von ihr sich und die seine vergleichend gegenüber zu stellen, kann er das Bewusstsein seiner Selbstheit erhalten: denn nur durch Entgegensetzung wird das Einzelne erkannt. Die erste Bedingung der eigenen Vollendung im bestimmten Kreise ist allgemeiner Sinn, und dieser, wie könnte er wohl bestehen ohne Liebe? Schon im ersten Versuch sich so zu bilden, müsste das furchtbare Missverhältniss zwischen Geben und Empfangen bald das Gemüth zerrütten, und weit hinaus es treiben aus der Bahn, und den, der so ein eigenes Wesen werden wollte, ganz zertrümmern, oder zur Gemeinheit ihn herunterstürzen. Ja, Liebe, du Anziehungskraft der geistigen Welt! Kein eigenes Leben und keine Bildung ist möglich ohne dich, ohne dich müsste Alles in gleichförmige rohe Masse zerfliessen! Die freilich weiter nichts als solche zu sein begehren, bedürfen deiner nicht; ihnen genügt Gesetz und Pflicht, gleichmässiges Handeln und Gerechtigkeit. Ein unbrauchbares Kleinod wäre ihnen das heilige Gefühl. Darum lassen sie auch das Wenige, was ihnen davon gegeben ist, nur ungebaut verwildern; und das Heilige verkennend, werfen sie es sorglos mit ein in das gemeine Gut der Menschheit, das nach Einem Gesetz verwaltet werden soll. Uns aber bist du das Erste wie das Letzte. Keine Bildung ohne Liebe, und ohne eigene Bildung keine Vollendung in der Liebe; Eins das Andere ergänzend, wächst beides unzertrennlich fort. Vereint finde ich in mir die beiden grossen Bedingungen der Sittlichkeit! Ich habe Sinn und Liebe zu eigen mir gemacht, und immer weiter noch entwickeln beide sich, zum sicheren Zeugniss, dass frisch und gesund das Leben sei, und dass noch fester die eigene Bildung werde. Was ist es, wofür mein Sinn verschlossen wäre? Die Freunde, welche jeden begabten Freund so gern zum Meister und Künstler in der Wissenschaft erheben möchten, klagen genug, dass keine Beschränkung von mir zu gewinnen sei, dass jede Hoffnung trüge, wenn es einmal scheint, als wollte ich alles Ernstes ausschliessend mich zu einer Sache begeben: denn wenn ich eine Ansicht mir errungen, so eile nach gewohnter Weise der flüchtige Geist bald wieder zu anderen Gegenständen fort. O möchten sie doch einmal mir Ruhe gönnen und begreifen, wie nicht anders meine Bestimmung ist, und wie sehr mir es in der Ferne liegen muss, im Einzelnen die Wissenschaft zu bilden, weil meine Sorge nur ist, freilich auch durch Wissen, mich selbst zu bilden, gleichgültig, ob sich gar nicht oder spät vielleicht auch jenes noch ergiebt. Vergönnten sie mir doch den Sinn für Alles, was sie geschäftig thun und treiben, mir offen zu erhalten, und möchten sie, was durch das Anschauen ihres Thuns ich in mir bilde, doch auch für etwas achten, das ihrer Mühe werth gewesen sei. Diese nun zeugen durch ihre Klagen für mich: aber ihnen entgegen klagen Andere, die, zwar verschiedener Natur, dennoch gleich mir in aller menschlichen Dinge Inneres einzudringen streben, es sei im Grunde beschränkt mein Sinn; ich vermöchte es über mich, gleichgiltig vor vielem Heiligen vorüberzugehen, und durch eitle Streitsucht den unbefangenen tiefen Blick mir zu verderben. Ja, ich gehe vor Vielem noch vorüber, aber gleichgiltig nicht; ich streite, ja, doch nur, um unbefangen den Blick mir zu erhalten. So und nicht anders muss ich thun nach meiner Art, bestrebt, gleichmässig mir den Sinn zu füllen und zu erweitern. Wo sich mir das Gefühl von etwas, das im Gebiet der Menschheit mir noch unbekannt ist, aufdringt, da ist mein Erstes, zu streiten, nicht ob es sei, nur dass es nicht das, und das allein sei, wofür es der mir giebt, durch den ich es zuerst erblickte. Es fürchtet der spät erwachte Geist, erinnernd, wie lange er fremdes Joch getragen, immer wieder aufs Neue die Herrschaft fremder Meinung; und wo in neuen Gegenständen ein unerforschtes Leben sich ihm enthüllt, da rüstet er sich erst, die Waffen in der Hand, sich Freiheit zu erringen, um nicht in des fremden Einflusses Knechtschaft ein jedes wieder wie das Erste zu beginnen. Habe ich so die eigene Ansicht mir erst gewonnen, dann ist die Zeit des Streites vorüber; ich lasse gern jede neben der meinigen bestehen, und der Sinn vollendet friedlich das Geschäft, sich jede zu deuten, und in ihren Standpunkt einzudringen.

So ist, was oft Beschränkung des Sinnes scheint zu sein, in Wahrheit nur seine erste Regung. Oft hat sie freilich sich äussern müssen in dieser schönen Periode des Lebens, wo so vieles Neue mich berührt, wo manches mir im hellen Lichte erschien, was ich bisher nur dunkel geahndet, wofür ich nur den Raum mir leer gelassen hatte! Oft hat sie feindlich die berühren müssen, die mir der neuen Einsicht Quelle waren. Gelassen habe ich es angesehen, vertrauend, dass auch sie es einst verstehen werden, wenn tiefer erst ihr Sinn in mich wird eingedrungen sein. So haben mich auch oft die Freunde nicht verstanden, wenn ich nicht streitend aber antheilnehmend ruhig vor dem vorüberging, was sie mit Wärme und frischem Eifer rasch umfassten. Nicht alles kann auf einmal der Sinn ergreifen, vergeblich ist es, in einer einzigen Handlung sein Geschäft vollenden wollen; unendlich geht es in zwiefacher Richtung immer fort, und Jeder muss seine Weise haben, wie er beides vereint, um so das Ganze zu vollbringen. Mir ist es versagt, wenn etwas Neues das Gemüth berührt, mit heftigem Feuer gleich ins Innerste der Sache zu dringen, und bis zur Vollendung sie zu kennen. Ein solches Verfahren ziemt der Gleichmuth nicht, die von meines Wesens Harmonie der Grundton ist. Heraus aus meines Lebens Mitte würde es mich werfen, mir irgend etwas so zu vereinzeln; und in dem Einen mich vertiefend, würde ich nur das Andere mir entfremden, ohne Jenes doch als mein wahres Eigenthum zu haben. Niederlegen muss ich erst jede neue Erwerbung im Innern des Gemüths, und dann das gewohnte Spiel des Lebens mit seinem mannigfaltigen Thun forttreiben, das sich mit dem Alten das Neue erst mische, und Berührungspunkte gewinne mit Allem, was schon in mir war. Nur so gelingt es mir, allmälig eine tiefere und innigere Anschauung mir zu bereiten; es muss der Wechsel zwischen Betrachtung und Gebrauch gar oft sich wiederholen, ehe ich etwas ganz durchdrungen und ergründet zu haben mich erfreuen mag. So und nicht anders darf ich zu Werke gehen, wenn nicht mein inneres Wesen verletzt soll werden, weil in mir Selbstbildung und Thätigkeit des Sinnes möglichst in jeglichem Momente das Gleichgewicht sich halten sollen. Nur langsam schreite ich also fort, und langes Leben kann mir gewährt sein, ehe ich Alles in gleichem Grade umfasst: doch weniger als Andere habe ich auch zurückzunehmen; denn was ich so aufgefasst, ist mir auch eigen, mit meinem Stempel bezeichnet; und wieviel meinem Sinne vergönnt wird zu ergreifen von der Welt, das wird auf diesem Wege in mir durchgebildet werden und in mein Wesen übergehen.

O wie viel reicher ist es schon geworden! welches frohe Bewusstsein des erworbenen Werthes, welch erhöhtes Gefühl des eigenen
Lebens und Daseins krönt mir die Selbstbetrachtung beim Blick auf
den Gewinn so vieler schönen Tage! Nicht war vergebens die stille
Thätigkeit, die ungeschäftig müssiges Leben von aussen scheint;
kräftig hat sie das innere Werk der Bildung gefördert. Dies wäre
nicht so weit gediehen bei mancherlei verwickelt buntem Verkehr
und Treiben, das meiner Natur nicht angemessen, noch minder bei
erzwungener Beschränkung meines Sinnes. Darum kann ich nur
beklagen, dass des Menschen inneres Wesen so misskannt werden
kann von denen selbst, die wohl es überall zu kennen vermöchten
und verdienten; dass doch auch ihrer so viele nicht von der äusseren That zur inneren Bewegung durchdringen mit ihrem Blick, oder
diese eben wie jene im Einzelnen aus abgerissenen Stücken zu erkennen meinen, und deshalb, auch wo Alles übereinstimmt, Wider-
sprüche ahnen! Ist denn der eigene Charakter meines Wesens so
schwer zu finden? Versagt mir diese Schwierigkeit auf immer den
liebsten Wunsch meines Herzens sich allen Würdigen mehr und
mehr zu offenbaren? Ja, auch jetzt, indem ich tief in mein Inneres
schaue, bestätigt sich aufs Neue mir, dass dies der Trieb sei, der am
stärksten mich bewegt. So ist es, wie oft auch mir gesagt wird, ich
sei verschlossen und stosse der Liebe und Freundschaft heiliges
Anerbieten oft kalt zurück. Wohl dünkt mich niemals nöthig von
dem, was ich gethan, was mir geschehen ist, zu reden; zu unbedeutend achte ich Alles, was an mir der Welt gehört, als dass ich den
damit verweilen sollte, den ich das Innere gern erkennen liesse.
Auch rede ich nicht von dem, was nur noch dunkel und ungebildet
in mir liegt, und noch der Klarheit mangelt, die es erst zum Meinigen macht. Wie sollte ich eben das dem Freund entgegen tragen,
was mir noch nicht gehört? warum ihm dadurch, was ich schon
wirklich bin, verbergen? wie sollte ich hoffen, ohne Missverstand
das mitzutheilen, was ich selbst noch nicht verstehe? Solche Vorsicht ist nicht Verschlossenheit und Mangel an Liebe; sie ist nur
heilige Ehrfurcht, ohne welche die Liebe nichts ist; ist zarte Sorgfalt,
das Höchste nicht zu entweihen noch in Verwirrung zu verstricken.
So bald ich etwas Neues mir angeeignet, an Bildung und Selbstän-
digkeit hier und dort gewonnen: eile ich dann nicht in Wort und
That, dem Freund es zu verkünden, dass er die Freude mit mir theile, und meines inneren Lebens Wachsthum wahrnehmend selbst

gewinne? Wie mich selbst liebe ich den Freund: sobald ich etwas für mein erkenne, gebe ich es ihm hin. So nehme ich freilich auch an dem, was er thut und was ihm geschieht, nicht immer so grossen Antheil, als die meisten, die sich Freunde nennen. Sein äusseres Handeln, wenn ich das Innere, aus dem es herfliesst, schon verstehe, und weiss, dass es so sein muss, weil er so ist, wie er ist, lässt mich gar unbesorgt und ruhig. Es hat als That mit meiner Liebe wenig zu schaffen, es gewährt ihr nicht so viel Nahrung, noch regt es mir so sehr Bewunderung und Freude auf, als denen die minder vorher das Innere des Handelnden verstanden. Auch als Ereigniss spannt es mir weniger die Erwartung, als denen, für die alles hängt an Glück und an Erfolg; der Welt gehört es, und unter der Notwendigkeit Gesetze muss es sich fügen mit Allem, was daraus folgt, und was nun folgt, was dem Freund geschieht, er wird es schon mit Freiheit seiner würdig zu behandeln wissen. Das Andere kümmert mich nichts, ich sehe ruhig seinem Schicksal wie dem meinem zu. Wer achtet das für kalte Gleichgültigkeit? Es ist die Frucht nur jenes hellen Bewusstseins davon, was an jedem Menschen er selbst ist, und was der Welt ausser ihm gehört, jenes Bewusstseins, wonach ich Überall mich selbst behandle, worauf die Achtung gegen mich und das Gefühl der Freiheit ruht: soll ich ihm minder folgen in dem, was den Freund betrifft, als was mich selbst?

Das ist es, dessen ich mich hoch erfreue, dass meine Liebe und Freundschaft nie unedlen Ursprungs sind, nie auf des Geliebten sinnlich Wohlergehen gerichtet, mit keiner gemeinen Empfindung je gemischt, nie der Gewohnheit, nie des weichen Sinnes, noch minder störriger Parteisucht Werk, immer der Freiheit reinste That, und auf das eigene innerste Sein des Menschen allein gerichtet. Verschlossen war ich immer jenen gemeinen Gefühlen; nie hat mir Wohlthat Freundschaft abgelockt, nie Schönheit Liebe, nie hat das Mitleid mich so befangen, dass es dem Unglück Verdienst geliehen, und den Leidenden mir anders und besser dargestellt; nie Uebereinstimmung im Einzelnen mich so ergriffen, dass ich mich über die Verschiedenheit des tiefsten Innern je getäuscht. So war für wahre Liebe und Freundschaft freier Raum gelassen im Gemüth, und nimmer weicht die Sehnsucht, ihn reicher stets und mannigfaltiger auszufüllen. Wo ich Anlage merke zur Eigenthümlichkeit, weil Sinn und Liebe, die hohen Bürgen, da sind, da ist auch für mich ein Ge-

genstand der Liebe. Jedes eigene Wesen möchte ich mit Liebe umfassen, von der unbefangenen Jugend an, in der die Freiheit erst
keimt, bis zur reifsten Vollendung der Menschheit; jedes, das ich so
erblicke, begrüsse ich in mir mit der Liebe Gruss, wenn auch die
That nur angedeutet bleibt, weil mehr nicht als ein flüchtiges Begegnen uns vergönnt wird. Auch messe ich nie nach irgend einem
weltlichen Maassstab, nach der äusseren Ansicht des Menschen ihm
Freundschaft zu. Weit überfliegt Welt und Zeit der Blick, und sucht
die innere Grösse des Menschen auf. Ob schon jetzt sein Sinn viel
oder wenig hat umfasst, wie weit er in der eigenen Bildung fortge-
rückt, wie viel er Werke vollendet oder sonst gethan, das darf mich
nicht bestimmen, und leicht kann ich mich trösten, wenn es fehlt.
Sein eigenthümlich Sein und das Verhältniss desselben zur ge-
sammten menschlichen Natur, das ist es, was ich suche: so viel ich
jenes finde und dieses verstehe, so viel Liebe habe ich für ihn; allein
beweisen kann ich freilich ihm nur so viel, als er auch mich versteht.
Deshalb, ach, ist sie so oft mir unbegriffen zurückgekehrt! des Herzens Sprache wurde nicht vernommen, gleich als wäre ich stumm
geblieben; und Jene meinten auch, ich wäre stumm.

In nahen Bahnen wandeln oft die Menschen, und kommen doch
nicht einer in des andern Nähe; vergebens ruft der ahnungsreiche
und den nach freundlicher Begegnung verlangt: es horcht der Andere nicht. Oft nähern Andere sich einander, deren Bahnen weit aus
einander gehen; es meint der Eine wohl, es sei für immer, doch ist
es nur ein Moment; entgegengesetzte Bewegung reisst Jeden fort,
und Keiner begreift, wo ihm der Andere hingekommen. So ist es
meiner Sehnsucht nach Liebe oft ergangen; wäre es schmählich
nicht, wenn sie nicht endlich reif geworden, die allzu leichte Hoffnung geflohen wäre, und ahnungsreiche Weisheit eingekehrt? »So
viel wird der von Dir verstehen, und Jener jenes; mit dieser Liebe
magst du den umfassen, halte sie gegen Jenen doch zurück!« so ruft
mir Mässigung oft zu, doch oft vergebens. Es lässt der innere Drang
des Herzens nicht der Klugheit Raum; viel weniger, dass die stolze
Anmaassung ich hegte, den Menschen und ihrem Sinn für mich
und meine Liebe Schranken zu setzen. Mehr setze ich immer vo-
raus, versuche stets aufs Neue, und werde der Habsucht gleich
gestraft, oft im Versuch verlierend, was ich hatte. Doch es kann
nicht anders dem Menschen, der sich eigen bildet, ergehen; und

dass es so mir geht, ist nur der sicherste Beweis, dass ich mich eigen bilde. Je mehr ins Allgemeine strebt der Sinn, von desto mehreren Kreisen fühlt auch, wer sich bildet, sich angezogen, und die auf einen davon beschränkt sind, wähnen dann, der Theilnehmende sei der ihrigen einer. Je mehr sich Alles eigen gestaltet in mir, um desto mehr gehört auch allgemeiner Sinn dazu, und freie Liebe zu fremdartiger Bildung, wenn Einer auf die Dauer mich soll verstehen und lieben. Wie man es von Kometen wohl geglaubt, verbindet der Gebildete gar viele Weltsysteme, bewegt um manche Sonne sich. Jetzt erblickt ihn freudig ein Gestirn, es strebt ihn zu erkennen, und freundlich beugt er nähernd sich heran; dann sieht es ihn wieder in fernen Räumen, verändert scheint ihm die Gestalt, es zweifelt, ob er noch derselbe sei. Er aber kehrt wieder im raschen Lauf, begegnet ihm wieder mit Liebe und Freundschaft. Wo ist das schöne Ideal vollkommener Vereinigung? die Freundschaft, die gleich vollendet auf beiden Seiten ist? Nur wenn in gleichem Maasse Beiden Sinn und Liebe fast über alles Maass hinaus gewachsen sind. Dann aber sind mit der Liebe zugleich auch sie vollendet, und es schlüge dann gewiss die Stunde, die wohl Allen schon früher hat geschlagen! -- der Unendlichkeit sich wieder zu geben, und in ihren Schooss zurückzukehren aus der Welt.

III. Weltansicht.

Dem trüben Alter, meinen sie, sei es vergönnt, nur Klagen Raum zu geben über die Welt: verzeihlich sei es, wenn lieber das Auge sich rückwärts wende zur besseren Zeit der vollen Stärke des eignen Lebens. Die fröhliche Jugend müsse froh die Welt anlächeln, müsse nicht achtend des Mangelnden, was da ist Nutzen, und der Hoffnung süssen Täuschungen gern vertrauen. Doch Wahrheit sehe nur der, nur der verstehe die Welt zu richten, welcher zwischen den beiden sich in sicherer Mitte glücklich halte, nicht eitel trauernd noch trüglich hoffend. Doch solche Ruhe ist nur der thörichte Uebergang von der Hoffnung zur Verachtung; und solcher Weisheit Rede nur der dumpfe Wiederhall der gern zurückgehaltenen Schritte, mit denen sie aus der Jugend ins Alter gleiten; solche Zufriedenheit nur verkehrter Höflichkeit Betrug, der nicht die Welt, die ihn ja bald verlässt, zu schmähen scheinen will, noch weniger auf einmal Unrecht geben sich selbst; solch Lob ist Eitelkeit, die sich schämt ihres Irrthums, Vergessenheit, die nicht mehr weiss, was sie begehrte im vorigen Augenblick, und träger Sinn, dem, wenn es Mühe gelten soll, lieber die Armuth genügt.

Ich habe mir nicht geschmeichelt als ich jung war: so denk ich auch nicht jetzt, nicht jemals, der Welt zu schmeicheln. Dem nichts Erwartenden konnte sie nicht kränken: so werde auch ich sie nicht aus Rache verletzen. Wenig habe ich gethan um sie zu bilden wie sie ist: so habe ich auch kein Bedürfniss sie vortrefflicher zu finden. Allein des schnöden Lobes ekelt mich, das ihr von allen Seiten verschwendet wird, damit wieder das Werk die Meister lobe. Von Verbesserung der Welt spricht so gern das verkehrte Geschlecht, um selbst für besser zu gelten, und über seine Väter sich zu erheben. Und stiege von der schönsten Blüte der Menschheit wirklich schon der süsse Duft empor; wären auf dem gemeinschaftlichen Boden in ungemessener Zahl die Keime der eigenen Bildung über jede Gefahr hinaus gediehen; lebte Alles und freute sich in heiliger Freiheit; umfasste Alles mit Liebe sich, und trüge wunderbar vereinigt immer neue und wundervolle Früchte: sie könnten nicht glänzender den Zustand der Menschheit preisen. Als hätten ihres gewaltigen Verstandes donnernde Stimmen die Ketten der Unwissenheit gesprengt; als hätten von der menschlichen Natur, die nur als dunkles kaum kennbares Nachtstück abgebildet war, nun endlich sie ein kunstreiches Gemälde aufgestellt, wo geheimnissvolles Licht -- ach kommt es von oben oder von unten her? -- Alles wunderbar erleuchtet, dass kein gesundes Auge mehr den ganzen Umriss oder einzelne Züge verfehlen könne; als hätte ihrer Weisheit Musik die rohe räuberische Eigensucht zum zahmen geselligen Hausthier umgeschaffen, und Künste sie gelehrt: so reden sie von der heutigen Welt; und jeder kleine Zeitraum, der verstrichen, soll reich an neuem Gut gewesen sein. Wie tief im Innern ich das Geschlecht verachte, das so schaamlos als nie ein früheres gethan, sich brüstet, den Glauben kaum an eine bessere Zukunft ertragen kann, und alle die ihr angehören, schnöde beschimpft, und nur darum dies Alles, weil das wahre Ziel der Menschheit, zu welchem es kaum einen Schritt gewagt, ihm unbekannt in dunkler Ferne liegt!

Ja, wem es genügt, dass nur die Körperwelt der Mensch beherrscht; dass er alle ihre Kräfte erforscht, um zum Dienst des äussern Lebens sie zu gebrauchen; dass nicht der Raum die Wirkung des Geistes auf die Körper zu gewaltsam lähmt, und schnell des Willens Wink an jedem Ort die Thätigkeit erzeugt, die er fordert; dass Alles sich bewährt als unter den Befehlen des Gedankens stehend, und überall des Geistes Gegenwart sich offenbart; dass jeder rohe Stoff beseelt erscheint, und im Gefühle solcher Herrschaft über ihren Körper die Menschheit sich einer sonst nicht gekannten Kraft und Fülle des sinnlichen Lebens freut, wem das ihr letztes Ziel ist, der stimme mit ein in dieses laute Lob. Mit Recht rühmt der Mensch sich dieser Herrschaft jetzt so, wie er es noch nie gekonnt; denn wie viel ihm auch noch übrig sei, so viel doch ist nun gethan, dass er sich fühlen muss als Herr der Erde, dass ihm nichts unversucht bleiben darf auf seinem eigenthümlichen Boden, und immer enger der Unmöglichkeit Gebiet zusammenschwindet. Die Gemeinschaft, die hierzu mich mit Allen verbindet, fühle ich in jedem Augenblick des Lebens als Ergänzung der eigenen Kraft. Ein jeder treibt sein bestimmtes Geschäft, vollendet des Einen Werk, den er nicht kannte, arbeitet dem Andern vor, der nichts von seinen Verdiensten um ihn weiss. So fördert über den ganzen Erdkreis sich der Menschen gemeinsames Werk, Jeder fühlet fremder Kräfte Wirkung als eigenes Leben, und wie elektrisches Feuer führt die kunstreiche Maschine dieser Gemeinschaft jede leise Bewegung des Einen durch eine Kette von Tausenden verstärkt zum Ziele als wären sie alle seine Glieder, und alles, was sie gethan, sein Werk, im Augenblick vollbracht. Ja dies Gefühl gemeinsam erhöhten Lebens wohnt noch lebendiger wohl und reicher in mir, als in Jenen, die so laut es rühmen. Mich stört nicht täuschend ihre trübe Einbildung, dass es so ungleich die geniessen, die doch Alle es erzeugen und erhalten helfen. Denn nur durch Gedankenleere, durch Trägheit im Betrachten verlieren sie Alle; von Allen fordert Gewohnheit ihren Abzug, und wo ich immer Beschränkung und Kraft vergleichend berechne, ich finde überall dieselbe Formel, nur anders ausgedrückt, und gleiches Maass von Genuss verbreitet sich über Alle. Und doch auch so achte ich dieses ganze Gefühl gering; nicht etwas besser noch in dieser Art wünschte ich die Welt, sondern es würde mich peinigen wie Vernichtung, wenn dies sollte das ganze Werk der Menschheit sein, und nur daran unheilig ihre heilige Kraft verschwendet. Nein, meine Forderungen bleiben nicht bescheiden stehen bei diesem besseren Verhältniss des Menschen zu der äussern Welt, und war es auf den höchsten Gipfel der Vollendung schon gebracht! Wofür denn diese höhere Gewalt über den Stoff, wenn sie nicht fördert das eigene Leben des Geistes selbst? was rühmt ihr euch jener äusseren Gemeinschaft, wenn sie nicht fördert die Gemeinschaft der Geister selbst? Gesundheit und Stärke sind wohl ein hohes Gut: aber verachtet ihr nicht jeden, der sie nur braucht zu leerem Gepränge? Ist denn der Mensch ein sinnlich Wesen nur, dass auch das höchste Gefühl des leiblichen Lebens, denn sein Leib ist ja die Erde, ihm alles sein darf? Genügt es dem Geiste, dass er nur den Leib bewohne, fortsetzend und vergrössernd ihn ausbilde, und herrschend seiner sich bewusst sei? Und darauf allein geht ja ihr ganzes Streben, darauf gründet sich ihr ungemessner Stolz. So hoch nur sind sie gestiegen im Bewusstsein der Menschheit, dass von der Sorge für das körperliche Leben und Wohlsein des Einzelnen sie zur Sorge für das gleiche Wohlbefinden Aller sich erheben. Das ist ihnen Tugend, Gerechtigkeit und Liebe; das ist über die niedere Eigensucht ihr grosses Triumphgeschrei; das ist ihnen das Ende aller Weisheit; nur solche Ringe vermögen sie zu zerbrechen in der Kette der Unwissenheit, dazu soll Jeder helfen, es ist nur dazu jegliche Gemeinschaft eingerichtet. O des verkehrten Wesens, dass der Geist alle seine Kräfte dem für Andere widmen soll, was er für sich um besse-

ren Preis verschmäht! O des verschrobenen Sinnes, dem in so niede-
rem Götzendienste das Höchste gern zu opfern Tugend scheint!

Beuge dich denn, o Seele, dem herben Schicksal, nur in dieser
schlechtern und finstern Zeit das Licht gesehen zu haben. Für dein
Bestreben, für dein inneres Thun ist wenig von einer solchen Welt
zu hoffen! nicht als Erhöhung, immer nur als Beschränkung deiner
Kraft wirst du deine Gemeinschaft mit ihr empfinden müssen. So
geht es Allen, die das Bessere kennen und wollen. Nach Liebe dürs-
tet manches Menschen Herz; es schwebt ihm deutlich vor, wie der
Freund geartet müsste sein, mit dem er durch den Tausch des Denkens und Empfindens zur gegenseitigen Bildung und zum erhöhten
Bewusstsein sich verbinden, wie die Geliebte, der er ganz sich geben und volles Leben bei ihr finden könnte: doch wenn er nicht,
durch Zufall glücklich, im gleichen Kreise des äusseren Lebens auf
gleicher Höhe der Gesellschaft sie entdeckt, so seufzen beide wohl
vergeblich im gleichen Wunsch das kurze Leben hin. Denn noch
immer fesselt den Menschen ja sein äusserer Stand, die Stelle, die er
in jener dürftigen Gemeinschaft nicht sich erringen kann, nein die
ihm angewiesen wird, und fester hält der Mensch an diesen Ban-
den, als an der mütterlichen Erde die Pflanze hängt. Warum doch?
weil es ihnen wenig kostet, das höhere geistige Leben hart zu be-
drücken, um sicherer, wie sie meinen, das niedere zu geniessen.
Darum darf noch keine heitere Gemeinschaft gedeihen, kein freies
offenes Leben; darum wohnen sie wunderlich fast klostermässig
gesondert in kleinen dumpfen Zellen neben einander mehr, als mit
einander; darum scheuen sie jeden grossen Verein, nur einen elen-
den Schein davon zusammensetzend aus vielen kleinen; und wie
das Vaterland lächerlich zerstückelt ist, so auch jede einzelne Gesellschaft wieder. Wohl ist Manchem der Sinn geöffnet, um das
innere Wesen der Menschheit zu ergreifen, verständig ihre ver-
schiedenen Gestalten anzuschauen, oder in sich zu saugen die Natur und mit Liebe sich einzuschmiegen in ihre Geheimnisse. Doch in
öde Wildniss oder in unfruchtbare Ueppigkeit ist er gestellt, wo
ewiges Einerlei dem Verlangen des Geistes keine Nahrung giebt; es
kränkelt in sich gekehrt die Fantasie, es muss in träumerischem
Irrthum sich der Geist verzehren, in missgestalteten Versuchen
erschöpfen die gebärende Kraft; denn kein günstiger Wind trägt ihn
in ein besseres Klima liebreich fort, keinen hülfreichen Freund kann

er erreichen, dem Beruf es wäre, mit Nahrungsstoff den Dürftigen zu versehen, befruchtend ihm der Erkenntniss Quellen zuzuleiten. Des Schwarzen jammervolles Schicksal, der aus dem väterlichen Lande von den geliebten Herzen fortgerissen, zu niederm Dienst in unbekannter Ferne verdammt ist, täglich legt es der Lauf der Welt auch Bessern auf, die zu den unbekannten Freunden in ihre wahre Heimath zu ziehen gehindert, in öder ihnen ewig fremder Nähe bei schlechtem Dienst ihr inneres Leben verzehren. Wohl Manchen drängt innerlich der Trieb kunstreiche Werke zu bilden: doch den Stoff zu sichten, und was unschicklich wäre, sorgsam und ohne Schaden herauszusondern, oder wenn in schöner Einheit und Grösse der Entwurf gemacht ist, auch die letzte Vollendung und Glätte jedem Theile zu geben, das ist ihm versagt. Gewährt ihm Einer, was ihm fehlt, bietet ihm Einer mit Freiheit seinen Vorrath, oder krönt durch seine That das Unvollendete? Nein, vereinzelt muss Jeder stehen und unternehmen, was ihm nicht gelingt! der Darstellung der Menschheit, dem Bilden schöner Werke fehlt die Gemeinschaft der Talente, die im äusseren Dienst der Menschheit schon lange gestiftet ist! nur schmerzlich wird dem Künstler das Dasein der Andern bemerklich, indem an seinem Werk ihr Urtheil tadelt, was ihrem Genius fremd ist, und er erfahren muss, dass des schönen Eigenen Wirkung gehemmt wird, weil sie Fremdes verlangen! So sucht vergebens der Mensch für das, was ihm das Grösste ist, in der Gemeinschaft mit den Menschen Erleichterung und Hülfe. Was hie und dort die Erde bringt, beschreiben Tausende; wo irgend eine Sache, deren ich bedarf, zu finden sei, kann ich in einem Augenblick erfahren, im zweiten kann der glückliche sie schon besitzen: doch die Gemüther aufzufinden, durch deren Kraft ihr inneres Leben gedeihen könnte, vermögen nur wenige, dazu giebt es keine Gemeinschaft in der Welt; die Menschen, die einander bedürfen, näher sich zu bringen, ist keines Geschäft. Ja Hülfe solcher Art zu fordern, ist Aergerniss und Thorheit den geliebten Söhnen dieser Zeit; und eine höhere, mehr innige Gemeinschaft der Geister ahnden, und beschränktem Sinn und kleinen Vorurtheilen zum Trotz sie fördern wollen, ist eitle Schwärmerei. Ungeschickte Begierde soll es sein, nicht Armuth, was Schranken fühlen lässt, die so uns drücken; strafbare Trägheit, nicht Mangel an hülfreicher Gemeinschaft, was unzufrieden mit der Welt den Menschen macht, und seinen leeren Wünschen gebietet auf weitem Felde der Unmöglichkeit umherzuschweifen. Unmöglichkeiten nur für den, dessen Blick auf niederer Fläche der Gegenwart nur einen kleinen Horizont bestreicht. Wie müsst ich traurig verzweifeln, ob jemals ihrem Ziele die Menschheit näher kommen würde, wenn ich mit blöder Fantasie nur an dem Wirklichen und seinen nächsten Folgen haften müsste.

Es seufzet was zur bessern Welt gehört, in düsterer Sklaverei! Was vorhanden ist von geistiger Gemeinschaft, ist herabgewürdigt zum Dienst der irdischen; nur dieser nützlich, wirkt es dem Geiste Beschränkung, thut dem inneren Leben Abbruch. Wenn der Freund dem Freunde die Hand zum Bündniss reicht: es sollten Thaten daraus hervorgehen, grösser als jeder Einzelne; frei sollte Jeder Jeden gewähren lassen, wozu der Geist ihn treibt, und nur sich hülfreich zeigen, wo es Jenem fehlt, nicht seinem Gedanken den eigenen unterschiebend. So fände Jeder im Andern Leben und Nahrung, und was er werden könnte, würde er ganz. Wie treiben sie es dagegen in der Welt? Zum irdischen Dienst ist Einer stets dem Andern gewärtig, bereit das eigene Wohlsein aufzuopfern; Einsicht und Welterfahrung mitzutheilen und zu lindern, ist das Höchste. Doch in der Freundschaft ist immer Feindschaft gegen die innere Natur; absondern wollten sie des Freundes Fehler von seinem Wesen, und was in ihnen Fehler wäre, scheint es auch in ihm. So muss Jeder von seiner Eigenheit dem Andern opfern, bis beide sich selber ungleich nur einander ähnlich sind, wenn nicht ein fester Wille das Verderben aufhält, dass lange zwischen Streit und Eintracht die falsche Freundschaft kränkelt, oder plötzlich abreisst. Verderben dem, der ein weich Gemüth besitzt, wenn ihm ein Freund sich anhängt! Von neuem und kräftigem Leben träumt dem Armen, er freut der schönen Stunden sich, die ihm in süsser Mittheilung vergehen; und merkt nicht, wie in eingebildetem Wohlergehen der Geist sich ausgiebt und verschuldet, bis gelähmt von allen Seiten und bedrängt sein inneres Leben sich verliert. So gehen der Besseren Viele umher, kaum noch zu kennen der Grundriss des eigenen Wesens, beschnitten von der Freunde Hand, und überklebt mit fremdem Zusatz. -- Es bindet süsse Liebe Mann und Frau, sie gehen, den eigenen Heerd sich zu erbauen. Wie eigene Wesen aus ihrer Liebe Schooss hervorgehen, so soll aus ihrer Naturen Harmonie ein neuer gemeinschaftlicher Wille sich erzeugen; das stille Haus mit seinen Geschäften, seinen Ordnungen und Freuden soll als freie That dessen Dasein bekunden. Allein wie muss ich immer und überall das schönste Band der Menschheit so entheiligt sehen! Ein Geheimniss bleibt ihnen was sie thun, wenn sie es knüpfen; Jeder hat und macht sich seinen Willen nach wie vor, abwechselnd herrscht der Eine und der Andere, und traurig rechnet in der Stille Jeder, ob der Gewinn wohl aufwiegt, was er an baarer Freiheit gekostet hat; des Einen Schicksal wird der Andere endlich, und im Anschauen der kalten Notwendigkeit erlischt der Liebe Glut. Alle bringt so am Ende die gleiche Rechnung auf das gleiche Nichts. Es sollte jedes Haus der schöne Leib, das schönste Werk einer eigenen Seele sein, und eigene Gestalt und Züge haben; doch fast alle werden sie in stumpfer Einförmigkeit das öde Grab der Freiheit und des wahren Lebens. Macht sie ihn glücklich, lebt sie ganz für ihn? macht er sie glücklich, ist er ganz Gefälligkeit? Macht beide Nichts so glücklich, als wo Einer dem Andern sich aufopfern kann? O quäle mich nicht Bild des Jammers, der tief hinter ihrer Freude wohnt, des nahen Todes Zeichen, der ihnen diesen letzten Schein des Lebens, sein gewohntem Gaukelspiel nur vormalt! -- Wo sind vom Staat die alten Mährchen der Weisen? wo ist die Kraft, die diese höchste Entwicklung des Daseins dem Menschen geben, das Bewusstsein das Jeder haben soll, ein Theil zu sein von des Vaterlandes Vernunft und Phantasie und Stärke? Wo ist die Liebe zu diesem höhern selbstgeschaffenen Dasein, die lieber das enge persönliche Bewusstsein opfern als jenes verlieren will, die lieber das Leben wagt, als dass das Vaterland gemordet werde? Wo ist die Vorsicht, welche sorgsam wacht, dass auch Verführung ihm nicht nahe, und sein Gemüth verderbet Wo ist der eigene Charakter jedes Staates, und wo die Werke, durch die er sich verkündet? So fern ist dies Geschlecht von jeder Ahndung, was diese Seite der Menschheit wohl bedeuten mag, dass sie von einem bessern Organismus der Gesellschaft träumen, gerade wie von einem Ideal des Menschen, dass, wer im Staate lebt, es sei der neuen oder der alten einer, in seine Form gern Alle giessen möchte, dass der Weise in seinen Werken ein Muster für die Zukunft niederlegt, und hofft, es werde doch einmal zu ihrem Heil die ganze Menschheit es als ein Symbol verehren; dass Alle glauben, der sei der beste Staat, den man am wenigsten empfindet und der auch das Bedürfniss, dass er da sein müsse, am wenigsten empfinden lässt. Wer so das herrlichste Kunstwerk des Menschen, wodurch er auf die höchste Stufe sein Wesen stellen soll, nur als ein nothwendiges

Uebel betrachtet, als ein unentbehrliches Maschinenwerk, um seine Gebrechen zu verbergen und unschädlicher zu machen, der muss ja das nur als Beschränkung fühlen, was ihm den höchsten Grad des Lebens zu gewähren bestimmt ist.

Und dieses ist so grosser Uebel schnöder Ursprung, dass nur für äussere Gemeinschaft der Sinnenwelt Sinn bei den Menschen zu finden ist, und dass nach dieser sie Alles messen und modeln wollen. In der Gemeinschaft der Sinnenwelt muss immer Beschränkung sein; es muss der Mensch, der seinen Leib durch äusseren Besitz fortsetzen und vergrössern will, dem Andern ja auch den Raum vergönnen, das Gleiche zu thun; wo Einer steht, da ist des Andern Grenze, und nur darum dulden sie es gelassen, weil sie doch die Welt nicht könnten allein besitzen, weil sie doch des Andern Leib und Besitz auch brauchen können. Darauf ist Alles andere auch gerichtet: vermehrten äusseren Besitz des Habens und Wissens, Schutz und Hülfe gegen Schicksal und Unglück, vermehrte Kraft im Bündniss zur Beschränkung der Andern: das nur suchet und findet der Mensch von Heute in Freundschaft, Ehe und Vaterland; nicht Hülfe und Ergänzung der Kraft zur eigenen Bildung, nicht Gewinn an neuem inneren Leben. Hieran vielmehr hindert ihn jegliche Gemeinschaft, die er eingeht vom ersten Bande der Erziehung an, wo schon der junge Geist, statt freien Spielraum zu gewinnen und Welt und Menschheit in ihrem ganzen Umfang zu erblicken, nach fremden Gedanken beschränkt und früh schon zu des Lebens langer Knechtschaft gewöhnt wird. O mitten im Reichthum beklagenswerthe Armuth! Hülfloser Kampf des Bessern, der die Sittlichkeit und Bildung sucht, mit dieser Welt, die statt deren nur Recht und Gebot erkennt, statt Lebens nur todte Formeln bietet, statt freien Handelns nur Regel und Gewohnheit liebt, und hoher Weisheit sich rühmt, wenn irgend eine veraltete Form sie glücklich bei Seite schafft, und etwas Neues gebährt, was Leben scheint, doch allzu bald selbst wieder Formel sein wird und todte Gewohnheit. Was könnte mich retten, wärst du nicht, göttliche Phantasie, und gäbest mir der bessern Zukunft sichere Ahndung!

Ja, Bildung wird sich aus der Barbarei entwickeln, und Leben aus dem Todtenschlaf! da sind sie schon, die Elemente des besseren Seins. Nicht immer wird die höhere Kraft verborgen schlummern; es weckt der Geist sie früher oder später, der die Menschheit beseelt. Wie jetzt die Bildung der Erde für den Menschen erhaben ist über jene wilde Herrschaft der Natur, da noch schüchtern der Mensch vor jeder Aeusserung ihrer Kräfte floh: nicht weiter kann doch die seelige Zeit der wahren Gemeinschaft der Geister entfernt von diesen Kinderjahren der Menschheit sein. Nichts hätte der rohe Sklave der Natur geglaubt von solcher künftigen Herrschaft über sie, noch hätte er begriffen, was die Seele des Sehers, der davon geweissagt, so bei dieser Ahndung hob; denn es fehlte ihm an der Vorstellung sogar von solchem Zustand, nach dem er keine Sehnsucht fühlte: so begreift auch nicht der Mensch von Heute, wenn Jemand ihm andere Zwecke vorhält, von andern Verbindungen und einer andern Gemeinschaft der Menschen redet, er fasst nicht, was man Besseres und Höheres wollen könne, und fürchtet nicht, dass jemals etwas kommen werde, was seinen Stolz und seine träge Zufriedenheit so tief beschämen müsste. Wenn aus jenem Elend, das kaum die ersten Keime des besseren Zustandes auch dem durch den Erfolg geschärften Auge zeigt, dennoch das gegenwärtige hochgepriesene Heil hervorging: wie sollte nicht aus unserer verwirrten Unbildung, in der das Auge, welches der schon sinkende Nebel ganz nah umfliesst, die ersten Elemente der bessern Welt erblickt, sie endlich selbst hervorgehen, das erhabene Reich der Bildung und der Sittlichkeit. Sie kommt! Was sollte ich zaghaft die Stunden zählen, welche noch verfliessen, die Geschlechter welche noch vergehen? Was kümmert mich die Zeit, an welche doch mein inneres Leben sich nicht gefesselt fühlt?

Der Mensch gehört der Welt an, die er machen half; diese umfasst das Ganze seines Wollens und Denkens, nur jenseit ihrer ist er ein Fremdling. Wer mit der Gegenwart zufrieden lebt und Anderes nicht begehrt, der ist ein Zeitgenosse jener frühen Halbbarbaren, welche zu seiner Welt den ersten Grund gelegt; er lebt von ihrem Leben die Fortsetzung, geniesst zufrieden die Vollendung dessen, was sie gewollt, und das Bessere, was sie nicht umfassen konnten, umfasst auch er nicht. So bin ich der Denkart und dem Leben des jetzigen Geschlechts ein Fremdling, ein prophetischer Bürger einer späteren Welt, zu ihr durch lebendige Phantasie und starken Glauben hingezogen, ihr angehörig jede That und jeglicher Gedanke. Gleichgültig lässt mich, was die Welt, die jetzige, thut oder leidet; tief unter mir scheint sie mir klein, und leichten Blickes übersieht das Auge die wenn gleich grossen verworrenen Kreise ihrer Bahn. Aus allen Erschütterungen im Gebiete des Lebens und der Wissenschaft stets wieder auf denselben Punkt zurückkehrend und die nemliche Gestalt erhaltend, zeigt sie deutlich ihre Beschränkung und ihres Bestrebens geringen Umfang. Was aus ihr selbst hervorgeht, das vermag nicht sie weiter zu fördern, das bewegt sie immer nur im alten Kreise: und ich kann dessen mich nicht erfreuen, es täuscht mich nicht mit leerer Erwartung jeder günstige Schein. Doch wo ich einen Funken des verborgenen Feuers sehe, das früh oder spät das Alte verzehren und die Welt erneuen wird, da fühle ich mich in Liebe und Hoffnung hingezogen, wie zu den geliebten Zeichen der fernen Heimath. Auch wo ich stehe, soll man in fremdem Licht die heilige Flamme brennen sehen, den abergläubigen Knechten der Gegenwart eine schauerliche Mahnung, den Verständigen ein Zeugniss von dem Geiste, der da waltet. Es nahe sich in Liebe und Hoffnung jeder, der wie ich der Zukunft angehört, und durch jegliche That und Rede eines Jeden schliesse sich enger und erweitere sich das schöne freie Bündniss der Verschworenen für die bessere Zeit.

Doch auch dies erschwert so viel sie kann die Welt, und verhindert jedes Erkennen befreundeter Gemüther, trachtend die Saat der besseren Zukunft zu verderben. Die That, die aus dem reinsten Gedanken entsprungen ist, giebt tausendfacher Deutung Raum; es muss geschehen, dass oft das schlichteste Handeln im Geist der Sittlichkeit verwechselt wird mit dem verworrenen Sinn der Welt. Zu Viele schmücken sich mit falschem Schein des Bessern, als dass man Jedem, wo sich Besseres ahnden lässt, vertrauen dürfte; schwergläubig weigert sich mit Recht dem ersten Scheine der, welcher Brüder im Geiste sucht; so gehen oft Gleichgesinnte einander unerkannt vorüber, weil des Vertrauens Kühnheit Zeit und Welt darnieder drücken. Darum fasse Muth und hoffe! Nicht du allein stehst eingewurzelt in den tiefen Boden, der spät erst Oberfläche wird; es keimet überall die Saat der Zukunft! Fahr immer fort zu spähen wo du kannst, noch Manchen wirst du finden, noch Manchen erkennen, den du lange vielleicht verkannt. So wirst auch du von Manchem noch erkannt: der Welt zum Trotz verschwindet endlich Misstrauen und Argwohn, wenn immer das gleiche Handeln wiederkehrt, und gleiche Ahndung oft das fromme Bruderherz

ermahnt. Nur kühn den Stempel des Geistes jeder Handlung einge-
prägt, damit die Nahen dich finden; nur kühn hinaus in die Welt
geredet des Herzens Meinung, dass auch die Fernen dich hören.

Es dienet freilich der Zauber der Sprache auch mehr der Welt als
uns. Der Welt bietet sie genaue Zeichen und schönen Ueberfluss für
Alles, was in ihrem Sinn gedacht wird und gefühlt; sie ist der reinste Spiegel der Zeit, ein Kunstwerk, worin ihr Geist sich zu erkennen
giebt. Uns ist sie noch roh und ungebildet, ein schweres Mittel der
Gemeinschaft. Wie lange hindert sie den Geist zuerst, dass er nicht
kann zum Anschauen seiner selbst gelangen! Durch sie gehört er
schon der Welt ehe er sich findet, und muss sich langsam erst aus
ihren Verstrickungen entwinden; und ist er dann trotz alles
Irrthums und verkehrten Wesens, das sie ihm angelehrt, zur Wahrheit hindurch gedrungen: wie ändert sie dann betrügerisch den
Krieg, und hält ihn eng umschlossen, dass er Keinem sich mitthei-
len, von Keinem Nahrung empfangen kann. Lange sucht er im vollen Ueberfluss, ehe er ein unverdächtiges Zeichen findet, um unter
dessen Schutz die innersten Gedanken abzusenden: gleich fangen es
die Feinde auf, fremde Deutung legen sie hinein, und vorsichtig
zweifelt der Empfänger, wem es wohl ursprünglich angehöre. Wohl
manche Antwort kommt herüber aus der Ferne dem Einsamen;
doch muss er zweifeln, ob sie das bedeuten soll, was er fasst, ob
Freundes Hand, ob Feindes sie geschrieben. Dass doch die Sprache
gemeines Gut ist für die Söhne des Geistes und für die Kinder der
Welt! dass doch so lehrbegierig diese sich stellen nach der hohen
Weisheit! Doch nein, gelingen soll es ihnen nicht, uns zu verwirren
oder einzuschrecken! Dies ist der grosse Kampf um die geheiligten
Paniere der Menschheit, welche wir der besseren Zukunft, den fol-
genden Geschlechtern erhalten müssen; der Kampf, der alles ent-
scheidet, aber er ist auch ein sicheres Spiel, das über Zufall und
Glück erhaben, nur durch Kraft des Geistes und wahre Kunst gewonnen wird.

Es soll die Sitte der inneren Eigenthümlichkeit Gewand und Hülle sein, zart und bedeutungsvoll sich jeder edlen Gestalt anschmie-
gend, und ihrer Glieder Maass verkündend jede Bewegung schön
begleiten. Nur dies edle Kunstwerk mit Heiligkeit behandelt, nur es
immer durchsichtiger und feiner gewebt, und immer dichter an sich
es gezogen: so wird der künstliche Betrug sein Ende finden müssen,

so wird es bald sich offenbaren, wenn unheilige, gemeine Natur in edler hoher Gestalt erscheinen will. Der Kenner unterscheidet bei jeder Regung auch der verhüllten Glieder Wuchs und Kraft, vergeblich bildet trügerischen leeren Raum das magische Gewand, denn leicht entflattert es bei jedem raschen Schritte, und zeigt das innere Missverhältniss an. So soll und wird der Sitte Beständigkeit und Ebenmaass ein untrüglich Merkmal von des Geistes innerem Wesen und der geheime Gruss der Besseren werden. Abbilden soll die Sprache des Geistes innersten Gedanken; seine höchste Anschauung, seine geheimste Betrachtung des eigenen Handelns soll sie wiedergeben, und ihre wunderbare Musik soll deuten den Werth, den er auf jedes legt, die eigene Stufenleiter seiner Liebe. Wohl können Andere die Zeichen, die wir dem Höchsten widmeten, missbrauchen, und dem Heiligen, das sie andeuten sollen, ihre kleinlichen Gedanken unterschieben und ihre beschränkte Sinnesart: doch anders ist des Weltlings Tonart als des Geweihten; anders als dem Weisen reihen sich dem Knechte der Zeit die Zeichen der Gedanken zu einer andern Melodie; etwas anderes erhebt dieser zum Ursprünglichen, und leitet davon ab, was ihm unbekannter und ferner liegt. Bilde nur jeder seine Sprache sich zum Eigenthum und zum kunstreichen Ganzen, dass Ableitung und Uebergang, Zusammenhang und Folge der Bauart seines Geistes genau entsprechen, und die Harmonie der Rede den Accent des Herzens, der Denkart Grundton wiedergebe. Dann giebt es in der gemeinen noch eine heilige und geheime Sprache, die der Ungeweihte nicht vermag zu deuten noch nachzuahmen, weil nur im Innern der Gesinnung der Schlüssel liegt zu ihren Charakteren; einer kurzer Gang nur aus dem Spiele der Gedanken, ein paar Accorde nur aus seiner Rede werden ihn verrathen.

O wenn nur so an Sitte und Rede sich die Weisen und Guten erkennen möchten! wäre die Verwirrung nur gelöst, gezogen die Scheidewand, käme zum Ausbruch erst die innere Fehde: so würde der Sieg auch nahen, aufgehen die schönere Sonne; denn auf die bessere Seite müsste sich neigen der jüngeren Geschlechter freies Urtheil und unbefangener Sinn. Verkündet doch nur bedeutungsvolle Bewegung des Geistes Dasein, Wunder nur bezeugen eines Götterbildes Ursprung.

Und so müsste sich es offenbaren, dass es am Bewusstsein des inneren Handels fehlt, wo schöne Einheit der Sitte mangelt, wo sie nur als kalte Verstellung da ist, als übertünchte Unförmlichkeit; dass der von eigener Bildung nichts weiss, noch je das Innere der Menschheit in sich angeschaut hat, dem das feste Grundgestein der Sprache an's Licht gefördert aus dem Innern zu kleinen Bruchstücken verwittert, dem der Rede Kraft, die tief das Innere ergreifen soll, in leere Unbedeutsamkeit und flache Schönheit sich auflöst, und ihre hohe Musik in müssige Schallkünstelei, die nicht vermag des Geistes eigenes Wesen darzustellen. Harmonisch in einfacher schöner Sitte leben kann kein Anderer, als wer die abgestorbenen Formeln hassend nach eigener Bildung trachtet, und so der künftigen Welt gehört; ein wahrer Künstler der Sprache kann kein Anderer werden, als wer freien Blickes sich selbst beschaut, und des inneren Wesens der Menschheit sich bemächtigt hat.

Aus dieser Gefühle stiller Allmacht, nicht aus frevelhafter Gewaltsamkeit vergeblichen Versuchen, muss endlich die Ehrfurcht vor dem Höchsten, der Anfang eines besseren Alters hervorgehen. Sie zu befördern sei mein Trachten in der Welt! so will ich meiner Schuld mich gegen sie entladen, so meinem Beruf genügen. So einigt sich meine Kraft dem Wirken aller Auserwählten, und mein freies Handeln hilft die Menschheit fortbewegen auf der rechten Bahn zu ihrem Ziel.

IV. Aussicht.

Ist es wahr, dass wir alle auf Erden abhängig wandeln, und ungewiss der Zukunft? dass ein dichter Schleier dem Menschen, was er sein wird, verbirgt, und dass des Schicksals blinde Macht, sei es auch der höheren Vorsicht fremde Willkühr -- beides gölte mir in dieser Beziehung gleich -- mit unsern Entschlüssen wie mit unseren Wünschen spielt? O freilich, wenn Entschlüsse nur Wünsche sind, so ist der Mensch des Zufalls Spiel! Wenn er nur im Wechsel flüchtiger Empfindungen und einzelner Gedanken, wie die Wirklichkeit sie erzeugt, sich selbst zu finden weiss; wenn er im ungewissen Haben äusserer Gegenstände, im schwindelnden Betrachten des ewigen Wirbels, in dem mit diesem Sein und Haben auch er sich bewegt, sein ganzes Leben hindurch begriffen ist, und niemals tiefer in sein eigenes Wesen dringt; wenn er bald von diesem bald von jenem einzelnen Gefühl geleitet, immer nur Einzelnes und Aeusseres sieht und betreiben und besitzen will, wie ihm die Empfindung des Augenblicks gebietet: dann kann ihm das Schicksal feindselig rauben, was er begehrt, und spielt mit seinen Entschlüssen, die ein Spiel zu sein verdienen; dann mag er klagen über Ungewissheit, denn nichts steht fest für ihn; dann erscheint ihm als ein dichter Schleier die eigene Blindheit, und dunkel muss es ja wohl sein, wo nicht das Licht der Freiheit scheint; dann muss er freilich, wiewohl vergeblich, weil er beides nur so wähnt, wie es nicht gedacht werden kann, sich bestreben zu wissen, ob jener Wechsel, der ihn beherrscht, von einem Willen über alle Willen abhängt, oder vom Zusammentreffen vieler Kräfte die neigungslose Wirkung ist. Denn schrecklich muss es den Menschen ergreifen, wenn er nimmer dazu gelangt sich selbst zu fassen; wenn jeder Lichtstrahl, der in die unendliche Verwirrung fällt, ihm klarer zeigt, er sei kein freies Wesen, sei eben nur ein Zahn in jenem grossen Rade, das ewig kreisend sich, ihn und alles bewegt. Nur Hoffnung, immer wieder aller Erfahrung, allem Bewusstsein zum Trotz erneute Hoffnung auf glücklichen Wechsel oder auf endliches Erbarmen muss seine einzige Stütze sein.

Willkommen mir, in jedem Augenblick, wo ich die Sklaven zittern sehe, aufs neue willkommen, geliebtes Bewusstsein der Freiheit! schöne Ruhe des klaren Sinnes, mit der ich heiter die Zukunft, wohl wissend, was sie ist und was sie bringt, mein freies Eigenthum, nicht meine Herrscherin begrüsse. Mir verbirgt sie nichts, sie nähert sich ohne Anmassung von Gewalt. Die Götter nur, die gedichteten, beherrscht ein Schicksal, weil sie in sich nichts zu wirken haben, und die schlechtesten der Sterblichen, weil sie in sich nichts wirken wollen; nicht den Menschen, der auf sich selbst sein Handeln richtet wie ihm geziemt. Wo ist die Grenze meiner Kraft? wo denn finge sich an das fürchterliche fremde Gebiet? Unmöglichkeit ist für mich nur in dem, was ausgeschlossen ist durch der Freiheit in mir ursprüngliche That, durch ihre Vermählung mit meiner Natur. Nur das kann ich nicht, was dieser widerspricht: aber wie könnte ich auch wollen, was jenen ersten Willen, durch den ich bin, der ich bin, rückgängig machen müsste! Wem diese Beschränkung als fremde Gewalt erscheint, diese, die seines Daseins, seiner Freiheit, seines Willens Bedingung und Wesen ist, der ist mir wunderbar verwirrt. -- Und fühle ich etwa innerhalb dieser Grenzen mich enger irgendwie beschränkt? Ja, wenn ich, selbst auf dem Gebiet der Sittlichkeit und Bildung, doch den und jenen Erfolg in irgend einem Augenblick bestimmt begehrte; wenn jemals irgend eine einzelne That das Ziel von meinem Wollen wäre: dann könnte sich mir dies Ziel, indem ich es ergreifen wollte, weit aus den Augen rücken; dann fände ich unter fremder Herrschaft mich; doch wollte ich auch hierüber das Schicksal verklagen, so verfehlt ich nur den eigentlichen Gegenstand der Schuld, mich selbst. Aber niemals kann es mir so ergehen! Lebe ich doch im Bewusstsein meiner ganzen Natur. Immer mehr zu werden was ich bin, das ist mein einziger Wille; jede Handlung ist eine besondere Entwicklung dieses Einen Willens; so gewiss ich immer handeln kann, kann ich auch immer auf diese Weise handeln, nichts kommt in die Reihe meiner Thaten, es sei denn so bestimmt. Lass also begegnen, was da wolle! So lange ich auf diesen Zweck alles abschliessend beziehe, jedes äussere Verhältniss aber, jede äussere Gestalt des Lebens mich gleichgültig lässt, ja alle mir gleich werth sind, wenn sie nur meines Wesens Natur ausdrücken, und zu seiner inneren Bildung, seinem Wachsthum mir neuen Stoff aneignen; so lange, des Geistes Auge auf dies Ganze allgegenwärtig gerichtet, jedes Einzelne nur in diesem Ganzen, und in diesem alles Einzelne mir erscheint, nie aus dem Bewusstsein ich verliere, was ich unterbreche, immer auch das noch will, was ich nicht thue, und was ich eben thue, auf Alles, was ich will, beziehe: so lange beherrscht mein Wille das Geschick, und wendet Alles, was es bringen mag, zu seinen Zwecken mit Freiheit an. Nie kann solchem Wollen sein Gegenstand entzogen werden, und es verschwindet beim Denken eines solchen Willens der Begriff des Schicksals. Woher entspringt denn jener Wechsel des menschlichen, den sie so drückend fühlen, als eben aus der Gemeinschaft solcher Freiheit? So ist er also der Freiheit Werk und meines. Wie könnte ich ihn für Andere durch mein Thun bereiten helfen, wenn ich nicht auch für mich ihn von den Andern forderte? Ja, ich verlange ihn laut! es komme die Zeit, und bringe wie sie kann zum Handeln, zum Bilden und Aeussern meines Wesens mir mannigfachen Stoff. Ich scheue nichts; gleich gilt mir die Ordnung, und alles was äussere Bedingung ist. Was aus der Menschen gemeinschaftlichem Handeln hervorgehen kann, soll alles an mir vorüber ziehen, mich regen und bewegen um von mir wieder bewegt zu werden, und in der Art, wie ich es aufnehme und behandle, will ich immer meine Freiheit finden, und äussernd bilden meine Eigenthümlichkeit.

Ist es leere Täuschung etwa? Verbirgt sich hinter solchem Gefühl der Freiheit nur die Ohnmacht? So deuten gemeine Seelen, was sie nicht verstehen! Doch das leere Geschwätz der Selbsterniedrigung ist längst für mich verhallt, zwischen mir und ihnen richtet in jedem Augenblick die That. Sie klagen immer, wenn sie die Zeit verstreichen sehen, und fürchten, wenn sie kommt und bleiben ungebildet nach wie vor, bei allem Wechsel immer dieselbe gemeine Natur. Wo ist ein einziges Beispiel, an dem sie läugnen dürften, dass anders, was ihnen begegnete, behandelt werden konnte? So wäre mir es leicht sie mitten im Schmerz noch ärger zu zermalmen, und dem zerknirschten Sinn noch das Geständniss auszupressen, dass nur innere Trägheit war, was sie als äussere Gewalt bejammern, oder dass sie nicht wollten, was sie nur gewollt zu haben scheinen möchten; und so die niedrige Beschränkung ihres eigenen Bewusstseins und Willens ihnen zeigend, sie eben dadurch glauben zu lehren an Willen und Bewusstsein.

Doch mögen sie es lernen oder nicht: dass nichts, was mir begegnet, der eigenen Bildung Wachsthum zu hindern, und vom Ziel des Handelns mich zurückzutreiben vermag; der Glaube ist lebendig in mir durch die That. So habe ich, seitdem sich meines Daseins die Vernunft bemächtiget, seit Freiheit und Selbstbewusstsein in mir wohnen, die wechselreichen Bahnen des Lebens durchwandelt. Im schönen Genuss der jugendlichen Freiheit habe ich die That vollbracht hinwegzuwerfen die falsche Maske, frevelnder Erziehung langes mühsames Werk; betrauern habe ich gelernt das kurze Leben der Meisten, die sich, auch wenn ihnen dasselbe gelungen, doch wieder von neuen Ketten binden lassen; verachten habe ich gelernt das schnöde Bestreben der oft schon in der kräftigsten Lebenszeit kraftlos Abgelebten, die auch der letzten Erinnerung an den kurzen Traum der Freiheit schon verlustig, nicht wissen, was der Jugend, die eben anfängt, sich ihrer zu erfreuen, begegnet, und gern der alten Weise sich getreu erhielten. Im fremden Hause ging der Sinn mir auf für schönes gemeinschaftliches Dasein; ich sah, wie Freiheit erst veredelt und recht gestaltet die zarten Geheimnisse des menschlichen Geschlechts, die dem Ungeweihten immer dunkel bleiben, der sie als Bande der Natur oft mehr nur erträgt als verehrt. Im buntesten Gewühl von allen weltlichen Verschiedenheiten lernte ich den Schein vernichtend in jeder Tracht die gleiche Natur erkennen und die mancherlei Sprachen übertragen, die sie in jedem Kreise sich bildet. Im Anschauen der grossen Gährungen, der stillen und der lauten, lernte ich den Sinn der Menschen verstehen, wie sie immer nur an der Schale haften; und in der stillen Einsamkeit, die mir zu Theil ward, habe ich die innere Natur betrachtet, alle Zwecke, die der Menschheit durch ihr Wesen aufgegeben sind, und alle Verrichtungen des Geistes in ihrer ewigen Einheit angeschaut, und in lebendiger Anschauung gelernt das todte Wort der Schulen richtig schätzen. Ich habe Freud und Schmerz empfunden, ich kenne jeden Gram und jedes Lächeln, und was giebt es unter Allem, was mich betraf, seitdem ich wirklich lebe, woraus ich meinem Wesen nichts Neues angeeignet, und Kraft gewonnen hätte, die das innere Leben nährt?

So sei denn die Vergangenheit mir Bürge der Zukunft; sie ist ja dasselbe, was kann sie mir anderes thun, wenn anders ich derselbe bin? Bestimmt und klar sehe ich in den Inhalt meines Lebens vor mir. Ich weiss, wiefern mein Wesen schon fest in seiner Eigenthümlichkeit gebildet und abgeschlossen ist; durch gleichförmiges Handeln nach allen Seiten mit der ganzen Einheit und Fülle meiner Kraft werde ich mir dies erhalten. Wie sollte ich nicht des Neuen und Mannigfachen mich erfreuen, wodurch sich neu und immer anders die Wahrheit meines Bewusstseins mir bestätigt? Oder bin ich meiner selbst so sicher, dass ich dessen nicht mehr bedürfte, sondern auf wechsellose Stille gerechten Anspruch hätte? Nein, noch immer sollen Leid und Freude, und was sonst die Welt als Wohl und Wehe bezeichnet, mir gleich willkommen sein, weil jedes auf eigene Weise diesen Zweck erfüllt und meines Wesens Verhältnisse mir offenbart! Wenn ich nur dies erreiche, was kümmert mich glücklich sein! -- Ich weiss auch, was ich mir noch nicht zu eigen gemacht, ich kenne die Stellen, wo ich noch in unbestimmter Allgemeinheit schwebend von frühe her den Mangel eigener Ansicht und eigener Regel schmerzlich fühle. Dem Allen streckt sich schon lange Zeit die Kraft entgegen; und irgend wann werde ich es mit Thätigkeit und mit Betrachtung umfassen, und innig verbinden mit allem, was schon in mir ist. Wissenschaften, ohne deren Kenntniss nie meine Ansicht der Welt vollendet werden kann, sind mir noch zu ergründen. Fremd sind mir noch viele Gestalten der Menschheit; Zeitalter und Völker giebt es, die ich nur erst durch fremde Bilder oberflächlich kenne, in deren Denkart und Wesen sich nicht auf eigene Weise die Phantasie versetzt, die keinen bestimmten Platz einnehmen in meiner Anschauung von den Entwicklungen des Geschlechts. Manche von den Thätigkeiten, die in mein eigenes Wesen minder gehören, begreife ich noch nicht, und über ihre Verbindungen mit allem, was gross und schön ist in der Menschheit, fehlt mir das eigene Urtheil oft. Das alles werde ich mit einander, nach einander gewinnen; die schönste Aussicht breitet sich vor mir aus. Wie viele edle Naturen, die ganz von mir verschieden die Menschheit in sich bilden, kann ich in der Nähe betrachten! Von wie viel kenntnissreichen Menschen bin ich umgeben, die gastfrei oder eitel in schönen Gefässen mir ihres Lebens goldene Früchte bieten, und die Gewächse ferner Zeiten und Zonen durch ihre Treue ins Vaterland verpflanzt. Kann mich das Schicksal fesseln, dass ich mich diesem Ziele nicht nähern darf? Kann es mir die Mittel der Bildung weigern, mich entfernen aus der leichten Gemeinschaft mit dem Thun des jetzigen Geschlechtes, und mit der Vorwelt Monumenten? mich weit von der schönen Welt, in der ich lebe, hinaus in öde Wüsteneien schleudern, wo Kunde von der anderen Menschheit zu erlangen unmöglich ist, wo in ewigem Einerlei mich die gemeine Natur von allen Seiten eng umschliesst, und in der dicken verdorbenen Luft, die sie bereitet, nichts schönes, nichts bestimmtes das Auge trifft? Wohl ist es Vielen so geschehen; doch mir kann es nicht begegnen: ich trotze dem, was Tausende gebeugt. Nur durch Selbstverkauf geräth der Mensch in Knechtschaft, und nur den wagt das Schicksal anzufeilschen, der sich selbst den Preis setzt und sich ausbietet. Was lockt den Menschen unstät von dem Orte weg, wo seinem Geiste wohl ist? Was treibt ihn wohl mit feiger Thorheit die schönsten Güter von sich zu werfen, wie fremdes Gut im tobenden Sturme der Schiffer auswirft? Es ist der schnöde äussere Gewinn, es ist der Reiz der sinnlichen Begierde, den, schon verdampft, das alte Getränk nicht mehr befriedigt. Wie könnte mir bei meiner Verachtung solcher Schatten dies geschehen! Mit Fleiss und Mühe habe ich mir den Ort errungen wo ich stehe, mir mit Bewusstsein und Anstrengung die eigene Welt gebildet, in der mein Geist gedeihen kann: wie sollte dies feste Band ein flüchtiger Reiz der Furcht oder Hoffnung lösen? wie sollte ein eitler Tand mich aus der Heimath locken, und aus dem Kreise der lieben Freunde? Doch diese Welt mir zu erhalten und immer genauer zu verbinden, ist nicht das Einzige, was ich fordere: ich sehne mich nach einer neuen Welt. Manch neues Bündniss ist noch zu knüpfen, mancher noch unbekannten Liebe neu Gesetz muss mir das Herz bewegen, dass sich zeige, wie sich dies in meinem Wesen zum Anderen fügt. In Freundschaft jeder Art habe ich gelebt; der Liebe süsses Glück habe ich mit heiligen Lippen gekostet, ich weiss, was mir in beiden ziemt, und kenne meiner Schicklichkeit Gesetz: noch aber muss die heiligste Verbindung auf eine neue Stufe des Lebens mich erheben, verschmelzen muss ich mich zu Einem Wesen mit einer geliebten Seele, dass auch auf die schönste Weise meine Menschheit auf Menschheit wirke; dass ich wisse, wie das verklärte höhere Leben nach der Auferstehung der Freiheit sich in mir bildet, wie erneut der Mensch die neue Welt beginnt. In Vaterrecht und Pflichten muss ich mich einweihen, dass auch die höchste Kraft, die gegen freie Wesen Freiheit übt, nicht in mir schlummere, dass ich zeige, wie wer an Freiheit glaubt, die junge Vernunft bewahrt und schützt, und wie in diesem grossen Problem die schönste Verwirrung des Eigenen und des Fremden der klare Geist zu lösen weiss. Wird mich nicht hier gerade beim liebsten Wunsch des Herzens das Schicksal ergreifen? Wird sich hier die Welt nicht rächen für den Trotz der Freiheit, für das übermüthige Verschmähen ihrer Macht? Wo mag sie wohnen, mit der das Band des Lebens zu knüpfen mir ziemt? Wer mag mir sagen, wohin ich wandern soll, um sie zu suchen? denn solch hohes Gut zu gewinnen, ist kein Opfer zu theuer, keine Anstrengung zu gross! Und ob ich sie nun finde frei, oder wenn unter fremdem Gesetz, das sie mir weigert, ob ich vermögen werde, sie mir zu lösen? Und wenn ich sie gewonnen -- spielt etwa nicht oft das Unbegreifliche auch mit der süssesten und treuesten Liebe, und wehrt, dass nicht dem Gattenrecht der süsse Vatername sich beigeselle? Hier steht endlich Jeder an der Grenze der Willkür und der Mysterien der Natur, über die wir auch nicht wünschen dürfen, die Willkür zu erheben. Denn wenn mich früher fremde Freiheit und der Lauf der Welt zu hemmen trachten: dem stelle ich mich. Viel vermag da der Mensch, und manches Schwere erringt des Willens Kraft und ernstliches Bestreben. Doch wenn nun Hoffen und Bestreben vergeblich ist; wenn Alles sich mir weigert: bin ich dann vom Schicksal hier besiegt? Hat es dann wirklich der Erhöhung meines inneren Lebens sich widersetzt, und meine Bildung zu beschränken vermocht durch seinen Eigensinn? Es hindert nicht der äussern That Unmöglichkeit das innere Handeln; und mehr als mich und sie würde ich die Welt bedauern, die Welt, die wohl ein schönes und seltenes Beispiel mehr verlöre, eine von den Erscheinungen aus tugendlicher Vorzeit oder aus der besseren Zukunft hieher verirrt, an der sie ihre todten Begriffe erwärmen und beleben könnte. Uns, so gewiss einander wir gehören, trägt doch auch unbekannt in unser schönes Paradies die Phantasie. Nicht vergeblich habe ich mancherlei Gestalten des weiblichen Gemüthes gesehen, und ihres stillen Lebens schöne Weisen mir bekannt gemacht. Je weiter ich noch selbst von seinen Grenzen stand, desto sorgsamer nur habe ich der Ehe heiliges Gebiet erforscht; ich weiss, was Recht dort ist, was nicht, und alle Gestalten des Schicklichen habe ich mir ausgebildet, wie erst die späte freie Zukunft sie zeigen wird, und welche darunter mir geziemt, weiss ich genau. So kenne ich die auch unbekannt, mit der ich mich fürs Leben aufs innigste vereinigen könnte; und in dem schönen Leben, das wir führen würden, bin ich eingewohnt. Wie ich jetzt trauernd in öder Einsamkeit mir Manches einrichten und beginnen, verschweigen, versagen und in mich verschliessen muss, im Kleinen und Grossen: es schwebt mir doch immer lebendig dabei vor, wie das in jenem Leben anders und besser würde sein. So ist es gewiss auch ihr, wo sie auch sein mag, die so geartet ist, dass sie mich lieben, dass ich ihr genügen könnte; gleiche Sehnsucht, die mehr als leeres Verlangen ist, enthebt auch sie wie mich der öden Wirklichkeit, für die sie nicht gemacht ist, und wenn ein Zauberschlag uns plötzlich zusammenführte, würde Nichts uns fremd sein; als wären wir alter, süsser Gewohnheit verpflichtet, so anmuthig und leicht würden wir in der neuen Lebensweise uns bewegen. So fehlt uns also nicht, auch ohne jenen Zauberschlag, in uns das höhere Dasein; für solches Leben und durch dasselbe sind wir doch gebildet, und nur die äussere Darstellung entgeht uns und der Welt.

O wüssten doch die Menschen diese Götterkraft der Phantasie zu brauchen, sie, die allein den Geist ins Freie stellt, ihn über jede Gewalt und jede Beschränkung weit hinaus trägt, sie, ohne die des Menschen Kreis nur ängstlich enge sich schliesst! Wie Vieles berührt denn Jeden im kurzen Lauf des Lebens? Von wie viel Seiten müsste der Mensch nicht unbestimmt und ungebildet bleiben, wenn nur auf das Wenige, was ihn von aussen wirklich anstösst, sein inneres Handeln ginge? Aber so sinnlich sind sie in der Sittlichkeit, dass sie auch sich selbst nur da recht vertrauen, wo ihnen die äussere Darstellung des Handelns Bürgschaft leistet für ihres Bewusstseins Wahrheit. Umsonst steht in der grossen Gemeinschaft der Menschen der, der so sich selbst beschränkt! es hilft ihm nicht, dass ihm vergönnt ist, ihr Thun und Leben anzuschauen; vergebens muss er sich über die träge Langsamkeit der Welt und ihre matten Bewegungen beklagen. Er wünscht sich immer neue Verhältnisse, von aussen immer andere Aufforderungen zum Handeln, und neue Freunde, nachdem die alten, was sie konnten, auf sein Gemüth gewirkt; und allzulangsam weilt ihm überall das Leben. Und wenn es auch in beschleunigterem Lauf ihn tausend neue Wege führen wollte, könnte denn in der kurzen Spanne Zeit sich die Unendlichkeit erschöpfen? Was so Jene niemals sich erwünschen können, gewinne ich durch das innere Leben der Phantasie. Sie ersetzt mir, was der Wirklichkeit gebricht; jedes Verhältniss, worin ich einen Anderen erblicke, mache ich mir durch sie zum eigenen; es bewegt sich innerlich der Geist, gestaltet es seiner Natur gemäss, und bildet, wie er handeln würde, mit sicherem Gefühle vor. Auf gemeines Urtheil der Menschen über fremdes Sein und fremde That, das mit todten Buchstaben nach leeren Formeln berechnet wird, ist freilich kein Verlass; und gar anders als sie vorher geurtheilt haben, handeln sie hernach. Hat aber, wie es sein muss, wo wahres Leben ist, ein inneres Handeln das Bilden der Phantasie geleitet; und ist so die vorgebildete That des gewohnten inneren Handelns reines Bewusstsein: dann hat das angeschaute Fremde den Geist gebildet, eben als wäre es auch in der Wirklichkeit sein Eigenes, als hätte er auch äusserlich gehandelt. So nehme ich wie bisher auch ferner kraft dieses inneren Handelns von der ganzen Welt Besitz, und besser nutze ich Alles in stillem Anschauen, als wenn jedes Bild in raschem Wechsel auch äussere That begleiten müsste. Tiefer prägt so sich jedes Verhältniss ein, bestimmter ergreift es der Geist, und reiner ist des eigenen Wesens Abdruck im freien unbefangenen Urtheil. Was dann das äussere Leben wirklich bringt, ist nur des früheren und reicheren inneren Bestätigung und Probe; nicht aber ist in das dürftige Maass von jenem die Bildung des Geistes eingeschränkt. Darum klage ich Über des Schicksals Trägheit eben so wenig als über seinen schnellen und krümmungsvollen Lauf. Ich weiss, dass nie mein äusseres Leben. von allen Seiten das innere Wesen darstellen und vollenden wird. Nie wird es mir ein grosses Verhältniss bieten, wo meine That das Wohl und Weh von Tausenden entschiede, und sich es äusserlich beweisen könnte, wie Alles mir nichts ist gegen ein einziges von den hohen und heiligen Idealen der Vernunft. Nie werde ich vielleicht in offene Fehde gerathen mit der Welt, und zeigen können, wie wenig Alles, was ihr vergönnt ist, zu geben und zu nehmen, den inneren Frieden und die stille Einheit meines Wesens stört. Doch hoffe ich in mir selbst zu wissen, wie ich auch das behandeln würde, wie zu dem allen schon lange mein Gemüth bereitet und gebildet ist. So lebe ich, wiewohl in stiller Verborgenheit, dennoch auf dem grossen thatenreichen Schauplatz der Welt. So ist der Bund mit der geliebten Seele schon dem Einsamen gestiftet, die schöne Gemeinschaft besteht, und ist der bessere Theil des Lebens. So werde ich auch der Freunde Liebe, die einzige theure Habe, mir gewiss erhalten, was auch mir oder ihnen in Zukunft mag begegnen.

Wohl fürchten die Menschen, dass nicht lange die Freundschaft währe; wandelbar scheint ihnen das Gemüth, es könne der Freund sich ändern, mit der alten Gesinnung fliehe die alte Liebe, und Treue sei ein seltenes Gut. Sie haben Recht; es liebt ja, wenn sie über das Nützliche hinaus noch etwas kennen, doch Einer vom Andern nur den leichten Schein, der das Gemüth umfliesst, die oder jene

Tugend, die, was sie eigentlich im Innern sei, sie nie erforschen; und wenn in den Verwirrungen des Lebens ihnen das zerfliesst, so schämen sie sich nicht, nach langen Jahren noch zu gestehen, sie haben am Menschen sich geirrt. Mir ist nicht schöne Gestalt, noch was sonst im ersten Anblick das Herz der Menschen fängt, verliehen: doch webt auch Jeder, der mein Inneres nicht durchschaut, sich einen solchen Schein. Da wird an mir ein gutes Herz geliebt, wie ich es nicht möchte, ein bescheidenes Wesen, was ganz anders in mir ist, als sie meinen, ja Klugheit auch, die ich von Herzen verachte. Darum hat auch solche Liebe mich schon oft verlassen; auch gehört sie nicht zu jener Habe, die mir theuer ist. Nur was ich selbst hervorgebracht und immer wieder aufs Neue mir erwerbe, ist für mich Besitz: wie könnte ich zu dem Meinen rechnen, was nur aus jenem Schein entsteht, den ihr blödsichtiges Auge dichtet. Kein weiss ich mich davon, dass ich sie nicht betrüge; aber wahrlich, es soll die falsche Liebe mich auch nicht länger, als ich es tragen mag, verfolgen. Nur eine Aeusserung des inneren Wesens, die sie nicht missverstehen können, kostet es mir; nur einmal sie gerade hin auf das geführt, was ich im Gemüth am köstlichsten bewahre, und was sie nicht dulden mögen: so bin ich ledig der Qual, dass sie mich für den ihren halten, dass sie mich lieben, die sich von mir wenden sollten. Gern gebe ich ihnen die Freiheit wieder, die in falschem Schein befangen war. Die aber sind mir sicher, die wirklich mich, mein inneres Wesen, lieben wollen; und fest umschlingt sie das Gemüth, und wird sie nimmer lassen. Sie haben mich erkannt, sie schauen den Geist, und die ihn einmal lieben, wie er ist, die müssen ihn immer treuer und immer inniger lieben, je mehr er sich vor ihnen entwickelt und immer fester gestaltet.

Dieser Habe bin ich so gewiss als meines Seins; auch habe ich Keinen noch verloren, der mir je in Liebe theuer ward. Du, der Du in frischer Blüthe der Jugend, mitten im raschen frohen Leben unseren Kreis verlassen musstest -- ja, ich darf anreden das geliebte Bild, das mir im Herzen wohnt, das mit dem Leben und der Liebe fortlebt, und mit dem Gram -- nimmer hat dich mein Herz verlassen; es hat dich mein Gedanke fortgebildet, wie du dich selbst gebildet haben würdest, hättest du erlebt die neuen Flammen, die die Welt entzünden; es hat dein Denken mit dem meinen sich vereint, und das Gespräch der Liebe zwischen uns, der Gemüther Wechselanschauung hört nimmer auf, und wirkt fort auf mich, als lebtest du neben mir wie sonst. Ihr Geliebten, die Ihr noch hier nur in der Ferne weilt, und oft von Eurem Geist und Leben ein frisches Bild mir sendet, was kümmert uns der Kaum? Wir waren lange bei einander, und waren uns weniger gegenwärtig als wir jetzt es sind: denn was ist Gegenwart als Gemeinschaft der Geister? Was ich nicht sehe von Eurem Leben, bilde ich mir selbst; Ihr seid mir nahe bei Allem in mir, um mich her, was Euren Geist lebendig berühren muss, und wenig Worte bestätigen mir alles oder leiten auf rechte Spur mich, wo noch Irrthum möglich war. Ihr, die Ihr mich jetzt umgebt in süsser Liebe, Ihr wisst, wie wenig die Lust mich quält, die Erde zu durchwandeln; ich stehe fest an meinem Ort, und werde nicht verlassen den schönen Besitz, in jedem Augenblick Gedanken und Leben mit Euch tauschen zu können; wo solche Gemeinschaft ist, da ist mein Paradies. Gebietet über Euch ein anderer Gedanke: wohl, es giebt für uns doch keine Entfernung. -- Aber Tod? Was ist denn Tod, als grössere Entfernung?

Düsterer Gedanke, der unerbittlich jedem Gedanken an Leben und Zukunft folgt! Wohl kann ich sagen, dass die Freunde mir nicht sterben; ich nehme ihr Leben in mich auf, und ihre Wirkung auf mich geht niemals unter: mich aber tödtet ihr Sterben. Es ist das Leben der Freundschaft eine schöne Folge von Akkorden, der, wenn der Freund die Welt verlässt, der gemeinschaftliche Grundton abstirbt. Zwar innerlich hallt ihn ein langes Echo ununterbrochen nach, und weiter geht die Musik: doch erstorben ist die begleitende Harmonie in ihm, zu welcher ich der Grundton war, und die war mein, wie diese in mir sein ist. Mein Wirken in ihm hat aufgehört, es ist ein Theil des Lebens verloren. Durch Sterben tödtet jedes liebende Geschöpf, und wem der Freunde viele gestorben sind, der stirbt zuletzt den Tod von ihrer Hand, wenn ausgestossen von aller Wirkung auf die, welche seine Welt gewesen, und in sich selbst zurückgedrängt, der Geist sich selbst verzehrt. Zwiefach ist des Menschen nothwendiges Ende. Vergehen muss, wem so unwiederbringlich das Gleichgewicht zerstört ist zwischen dem inneren Leben und äusseren Dasein. Vergehen müsste auch, wem es anders zerstört ist, wer, am Ziele der Vollendung seiner Eigenthümlichkeit angelangt, von der reichsten Welt umgeben, in sich nichts mehr zu handeln hätte; ein ganz vollendetes Wesen ist ein Gott, es kann die

Last des Lebens nicht ertragen, und hat nicht in der Welt der Menschheit Raum. Nothwendig also ist der Tod, und dieser Notwendigkeit mich näher zu bringen, sei der Freiheit Werk, und sterben wollen können, mein höchstes Ziel! Ganz und innig will ich die Freunde umfassen und ihr ganzes Wesen ergreifen, dass jeder mich mit süssen Schmerzen tödten helfe, wenn er mich verlässt; und immer fertiger will ich mich bilden, dass auch so dem Sterben wollen immer näher die Seele komme. Aus beiden Elementen ist immer der Tod des Menschen zusammengesetzt, und so werden nicht die Freunde alle mich verlassen, noch werde ich jemals ganz der Vollendung Ziel erreichen. In schönem Ebenmaass werde ich nach meines Wesens Natur mich ihm von allen Seiten nähern; dieses Glück wird mir gesichert durch meine innere Ruhe und mein stilles gedankenvolles Leben. Es ist das höchste für ein Wesen wie meines, dass die innere Bildung auch übergehe in äussere Darstellung, denn durch Vollendung nähert jede Natur sich ihrem Gegensatz. Der Gedanke, in einem Werk der Kunst mein inneres Wesen, und mit ihm die ganze Ansicht, die mir die Menschheit gab, zurückzulassen, ist mir wie die Ahnung des Todes. Wie ich mir der vollen Blüte des Lebens bewusst zu werden anfing, keimte er auf, jetzt wächst er in mir täglich und nähert sich der Bestimmtheit. Unreif, ich weiss es, werde ich ihn aus freiem Entschluss aus meinem Innern lösen, ehe das Feuer des Lebens ausgebrannt ist; Hesse ich ihn aber reifen, und vollkommen werden das Werk: so müsste dann, so wie das treue Ebenbild erschiene in der Welt, mein Wesen selbst vergehen; es wäre vollendet.

V. Jugend und Alter.

Wie der Uhren Schlag mir die Stunden, der Sonne Lauf mir die Jahre zuzählt: so lebe ich, ich weiss es, immer näher dem Tode entgegen. Aber dem Alter auch? dem schwachen stumpferen Alter auch, worüber Alle so bitter klagen, wenn unvermerkt ihnen verschwunden ist die Lust der frohen Jugend, und der inneren Gesundheit und Fülle übermüthiges Gefühl? Warum lassen sie verschwinden die goldene Zeit, und beugen dem selbstgewählten Joch seufzend den Nacken? Auch ich glaubte schon einst, dass nicht länger dem Manne geziemten die Hechte der Jugend; leiser und bedächtig wollte ich einhergehen, und durch der Entsagung weisen Entschluss mich bereiten zur trüberen Zeit. Aber es wollten nicht dem Geist die engeren Grenzen genügen, und es gereute mich bald des verkümmerten nüchternen Lebens. Da kehrte auf den ersten Ruf die freundliche Jugend zurück, und hält mich immer seitdem umfasst mit schützenden Armen. Jetzt, wenn ich wüsste, dass sie mir entflöhe, wie die Zeiten entfliehen, ich stürzte mich lieber bald dem Tode freiwillig entgegen, damit nicht die Furcht vor dem sicheren Uebel mir jegliches Gute bitter vergälle, bis ich mir endlich doch durch unfähiges Dasein ein schlechteres Ende verdient.

Doch ich weiss, dass es nicht also sein kann: denn es soll nicht. Wie? das geistige Leben, das freie, das ungemessene müsste mir eher verrinnen als das irdische, welches beim ersten Schlage des Herzens schon die Keime des Todes enthielt? Nicht immer sollte mir mit der vollen gewohnten Kraft aufs Schöne gerichtet die Phantasie sein? nicht immer so leicht der heitere Sinn, und so rasch zum Guten bewegt und liebevoll das Gemüth? Bange sollte ich horchen den Wellen der Zeit, und sehen müssen, wie sie mich abschliffen und aushöhlten, bis ich endlich zerfiele? Sprich doch, Herz, wie viele Male dürfte ich, bis das Alles käme, noch zählen die Zeit, die mir jetzt eben verging bei dem Jammergedanken? Gleich wenig wären mir, wenn ich es abzählen könnte, Tausende oder Eins. Dass du ein Thor wärest, zu weissagen aus der Zeit auf die Kraft des Geistes, dessen Maass jene nimmer sein kann! Durchwandeln doch die Gestirne nicht in gleicher Zeit dasselbe von ihrer Bahn, sondern ein höheres Maass musst Du suchen, um ihren Lauf zu verstehen: und der Geist sollte dürftigeren Gesetzen folgen, als sie? Auch folgt er nicht. Frühe suchte Manchen das Alter heim, das mürrische dürftige hoffnungslose, und ein feindlicher Geist bricht ihm ab die Blüthe der Jugend, wenn sie kaum sich aufgethan; lange bleibt Andern der Muth, und das weisse Haupt heben noch und schmücken Feuer des Auges und des Mundes freundliches Lächeln. Warum soll ich nicht länger noch, als der am längsten dastand in der Fülle des Lebens, mir im glücklichen Kampf abwehren den verborgenen Tod? Warum nicht, ohne die Jahre zu zählen und des Körpers Verwittern zu sehen, durch des Willens Kraft festhalten bis an den letzten Athemzug die geliebte Göttin der Jugend? Was denn soll diesen Unterschied machen, wenn es der Wille nicht ist? Hat etwa der Geist sein bestimmtes Maass und Grösse, dass er sich ausgeben kann und erschöpfen? Nutzt sich ab seine Kraft durch die That, und verliert etwas bei jeder Bewegung? Die des Lebens sich lange freuen, sind es nur die Geizigen, welche wenig gehandelt haben? Dann träfe Schande und Verachtung jedes frohe und frische Alter: denn Verachtung verdient, wer Geiz übt in der Jugend.

Wäre so des Menschen Loos und Maass: dann möchte ich lieber zusammendrängen, was der Geist vermag, in engen Kaum; kurz möchte ich leben, um jung zu sein und frisch, so lange es währt! Was hilft es, die Strahlen des Lichtes dünn ausgiessen über die grosse Fläche? es offenbart sich nicht die Kraft und richtet nichts aus. Was hilft Haushalten mit dem Handeln, und Ausdehnen in die Länge, wenn Du schwächen musst den inneren Gehalt, wenn doch am Ende dessen nicht mehr ist, was Du gehabt hast? Lieber gespendet in wenig Jahren das Leben in glänzender Verschwendung, dass Du Dich freuen könnest Deiner Kraft, und übersehen, was Du gewesen bist. Aber es ist nicht so unser Loos und Maass; es vermag nicht solch irdisches Gesetz unter seine Formeln zu bannen den Geist. Woran sollte sich brechen seine Gewalt? was verliert er von seinem Wesen, wenn er handelt und sich mittheilt? was giebt es, das ihn verzehrt? Klarer und reicher fühle ich mich jetzt nach jedem Handeln, stärker und gesunder: denn bei jeder That eigene ich etwas mir an von dem gemeinschaftlichen Nahrungsstoffe der Menschheit, und wachsend bestimmt sich genauer meine Gestalt. Ist es nur so, weil ich jetzt noch in die Höhe des Lebens hinaufsteige? wohl; aber wann kehrt sich denn plötzlich um das schöne Verhältniss? wann fange ich an, durch die That nicht zu werden, sondern zu vergehen? und wie wird sich mir verkünden die grosse Verwandlung? Kommt sie, so muss ich sie erkennen; und erkenne ich sie, so ist mir lieber der Tod, als in langem Elend anzuschauen an mir selbst der Menschheit nichtiges Wesen.

Ein selbstgeschaffenes Uebel ist das Verschwinden des Muthes und der Kraft; ein leeres Vorurtheil ist das Alter, die schnöde Frucht von dem trüben Wahn, dass der Geist abhänge vom Körper! Aber ich kenne den Wahn, und es soll mir nicht seine schlechte Frucht das gesunde Leben vergiften. Bewohnt denn der Geist die Faser des Fleisches, oder ist er eins mit ihr, dass auch er ungelenk zur Mumie wird, wenn diese verknöchert? Dem Körper bleibe, was sein ist. Stumpfen die Sinne sich ab, werden schwächer die Bilder von den Bildern der Welt: so muss wohl auch stumpfer werden die Erinnerung, und schwächer manches Wohlgefallen und manche Lust? Aber ist dies das Leben des Geistes? dies die Jugend, deren Ewigkeit ich anbetete? Wie lange wäre ich schon des Alters Sklave, wenn dies den Geist zu schwächen vermöchte! Wie lange hätte ich schon der schönen Jugend das letzte Lebewohl zugerufen! Aber was noch nie mich gestört hat im kräftigen Leben, soll es auch nimmer vermögen. Wozu denn haben Andere neben mir besseren Leib und schärfere Sinne? werden sie mir nicht immer gewärtig sein zum liebreichen Dienste wie jetzt? Dass ich trauern sollte über des Leibes Verfall, wäre mein letztes! was kümmert er mich? Und welches Unglück wird es denn sein, wenn ich nun vergesse, was gestern geschah? Sind eines Tages kleine Begebenheiten meine Welt? oder die Vorstellungen des Einzelnen und Wirklichen aus dem engen Kreise, den des Körpers Gegenwart umfasst, die ganze Sphäre meines inneren Lebens? Wer so in niedrigem Sinn die höhere Bestimmung verkennt, wem die Jugend nur lieb war, weil sie dieses besser gewährt, der klage mit Recht über das Elend des Alters! Aber wer wagt es zu behaupten, dass auch die Kraft und Fülle der grossen heiligen Gedanken, die aus sich selbst der Geist erzeugt, abhänge vom Körper, und der Sinn für die wahre Welt von der äusseren Glieder Gebrauch? Brauche ich, um anzuschauen die Menschheit, das Auge, dessen Nerv sich jetzt schon abstumpft in der Mitte des Lebens? Oder muss, auf dass ich lieben könne, die es werth sind, das Blut, das jetzt schon langsam fliesst, sich in rascherem Lauf drängen durch die engen Kanäle? Oder hängt mir des Willens Kraft an der Stärke der Muskeln? am Mark gewaltiger Knochen? oder der Muth am Gefühl der Gesundheit? Es betrügt ja doch, die es haben; in kleinen Winkeln verbirgt sich der Tod, und springt auf einmal hervor, und umfasst sie mit spottendem Gelächter. Was schadets denn, wenn ich schon weiss, wo er wohnt? Oder vermag der wiederholte Schmerz, vermögen die mancherlei Leiden niederzudrücken den Geist, dass er unfähig wird zu seinem innersten eigensten Handeln? Ihnen widerstehen ist ja auch sein Handeln, und auch sie rufen grosse Gedanken zur Anwendung hervor ins Bewusstsein. Dem Geist kann kein Uebel sein, was sein Handeln nur ändert.

Ja, ungeschwächt will ich ihn in die späteren Jahre bringen, nimmer soll der frische Lebensmuth mir vergehen; was mich jetzt erfreut, soll mich immer erfreuen; stark soll mir bleiben der Wille und lebendig die Phantasie, und nichts soll mir entreissen den Zauberschlüssel, der die geheimnissvollen Thore der höheren Welt mir öffnet, und nimmer soll mir verlöschen das Feuer der Liebe. Ich will nicht sehen die gefürchteten Schwächen des Alters; kräftige Verachtung gelobe ich mir gegen jedes Ungemach, welches das Ziel meines Daseins nicht trifft, und ewige Jugend schwöre ich mir selbst.

Doch verstösse ich auch nicht mit dem Schlechten das Gute? Ist denn das Alter, entgegengestellt der Jugend, nur Schwäche? Was verehren denn die Menschen an den greisen Häuptern, auch an denen die keine Spur haben von der ewigen Jugend, der schönsten Frucht der Freiheit? Ach oft ist es nichts, als dass die Luft, die sie einathmeten, und das Leben, das sie führten, wie ein Keller war, worin ein Leichnam sich länger erhält, ohne die Verwesung zu sehen, und dann verehrt sie als heilige Leiber das Volk. Wie das Gewächs des Weinstocks ist ihnen der Geist, von dem sie glauben, sei es auch schlechter Natur, es werde doch besser und höher geschätzt, wenn es alt wird. Doch nein! sie reden gar viel von den eigenen Tugenden der höheren Jahre, von der nüchternen Weisheit, von der kalten Besonnenheit, von der Fülle der Erfahrung, und von der bewunderungslosen gelassenen Vollendung in der Kenntniss der bunten Welt. Nur der Menschheit vergängliche Blüthe sei die reizende Jugend; aber die reife Frucht sei das Alter, und was dieses dem Geiste bringt. Dann sei erst aufs Höchste geläutert durch Luft und Sonne der Geist, dann in Reife versprechender Gestalt vollendet und zum köstlichen Genuss für die Verständigen bereitet das

Innerste der menschlichen Natur. 0 der nordischen Barbaren, die nicht das schönere Klima kennen, wo zugleich glänzt die Frucht und die Blüthe, und in reichem Wetteifer immer beide sich vereinigen! Ist denn die Erde so kalt und unfreundlich, dass der Geist sich nicht zu dieser höheren Schönheit und Vollendung erheben dürfte? Wohl besitzt nicht Jeder alles Schöne und Gute; aber unter die Menschen sind die Gaben vertheilt, nicht unter die Zeiten. Ein ander Gewächs ist Jeder; aber wie er ist, kann er blühen zugleich und Früchte tragen immerdar. Was sich in Demselben vereinigen kann, das Alles kann derselbe auch neben einander haben und erhalten, kann es und soll es ja auch.

Wie kommt dem Menschen die besonnene Weisheit und die reife Erfahrung? wird sie ihm gegeben von oben herab, und ist es höhere Bestimmung, dass er sie nicht eher erhält, als wenn er beweisen kann, dass seine Jugend verblüht ist? Ich fühle, wie ich sie jetzt erwerbe; es ist eben der Jugend treibende Kraft und das frische Leben des Geistes, was sie hervorbringt. Umschauen nach allen Seiten; aufnehmen Alles in den innersten Sinn, besiegen einzelner Gefühle Gewalt, dass nicht die Thräne, sei es der Freude oder des Kummers, das Auge der Seele trübe und verdunkele seine Bilder; rasch sich von einem zum anderen bewegen, und unersättlich im Handeln auch fremdes Thun noch innerlich nachahmend abbilden: das ist das muntere Leben der Jugend, und eben das ist das Werden der Weisheit und der Erfahrung. Je beweglicher die Phantasie, je schneller die Thätigkeit des Geistes: desto eher wachsen und werden beide. Und wenn sie geworden sind, dann sollte dem Menschen nicht mehr ziemen jenes muntere Leben, das sie erzeugt hat? Sind sie denn je vollendet die hohen Tugenden? und wenn sie durch die Jugend und in ihr geworden sind, bedürfen sie nicht immer derselben Kraft, um noch mehr zu werden und zu wachsen? Aber mit leerer Heuchelei betrügen sich die Menschen um ihr schönstes Gut, und auf den tiefsten Grund der beschränktesten Unwissenheit ist die Heuchelei gebaut. Der Jugend Beweglichkeit, meinen sie, sei das Treiben dessen, der noch sucht, und Suchen zieme nicht mehr dem, der schon an des Lebens Ende steht; er müsse sich schmücken mit weiser Stille, dem verehrten Symbol der Vollendung, mit Ruhe des Heizens, dem Zeichen von der Fülle des Verstandes; so müsse der Mensch einhergehen im Alter, dass er nicht, wenn er noch immer zu suchen scheine, unter dem Gelächter des Spottes über das eitle Unternehmen hinab steigen müsse in den Tod. So jene; aber ihre weise Stille ist nur träge Unbeweglichkeit, und ein leeres ist ihr ruhiges Herz. Nur wer Schlechtes und Gemeines suchte, dem sei es ein Ruhm, Alles gefunden zu haben! Unendlich ist, was ich erkennen und besitzen will, und nur in einer unendlichen Reihe des Handelns kann ich mich selbst ganz bestimmen. Von mir soll nie weichen der Sinn, der den Menschen vorwärts treibt, und das Verlangen, das nie gesättigt von dem, was gewesen ist, immer Neuem entgegen geht. Das sei der Ruhm, den ich suche, zu wissen, dass unendlich mein Ziel ist, und doch nie still zu stehen im Lauf; zu wissen, dass eine Stelle kommt auf meinem Wege, die mich verschlingt, und doch an mir und um mich nichts zu ändern, wenn ich sie sehe, und doch nicht zu verzögern den Schritt. Darum ziemt es dem Menschen, immer in der sorglosen Heiterkeit der Jugend zu wandeln. Nie werde ich mich alt dünken, bis ich auch fertig wäre; aber nie werde ich fertig sein, weil ich weiss und will, was ich soll. Auch kann es nicht sein, dass des Alters Schöne und der Jugend einander widerstrebe: denn nicht nur wächst in der Jugend, weshalb sie das Alter rühmen; es nährt auch wieder das Alter der Jugend frisches Leben. Besser gedeiht ja, wie Alle sagen, der junge Geist, wenn das reife Alter sich seiner annimmt: so verschönt sich auch des Menschen eigene innere Jugend, wenn er schon errungen hat, was dem Geiste das Alter gewährt. Schneller übersieht, was da ist, der geübte Blick, leichter fasst Jedes, wer schon viel Aehnliches kennt, und wärmer muss die Liebe sein, die aus einem höheren Grade eigener Bildung hervorgeht. So soll mir bleiben der Jugend Kraft und Genuss bis ans Ende. Bis ans Ende will ich stärker werden und lebendiger durch jenes Handeln, und liebender durch jedes Bilden an mir selbst. Die Jugend will ich dem Alter vermählen, dass auch dieses habe die Fülle, und durchdrungen sei von der belebenden Wärme. Was ist es denn, worüber sie klagen im Alter? Es sind nicht die nothwendigen Folgen der Erfahrung, der Weisheit und der Bildung. Macht der Schatz der bewahrten Gedanken stumpf des Menschen Sinn, dass ihn nicht reizt weder Neues noch Altes? Wird die Weisheit mit ihrem festen Wort zuletzt bangen Zweifel, der jedes Handeln zurückhält? Ist die Bildung ein Verbrennungsgeschäft, das in todte Masse den Geist verwandelt? Was sie klagen, ist nur, dass ihnen die Jugend fehlt. Und die Jugend, warum fehlt sie ihnen? Weil in der

Jugend ihnen das Alter gefehlt hat. Doppelt sei die Vermählung. Jetzt schon sei im starken Gemüthe des Alters Kraft, dass sie Dir erhalte die Jugend, damit später die Jugend Dich schütze gegen des Alters Schwäche. Wie sie es theilen, soll gar nicht das Leben getheilt sein. Es erniedrigt sich selbst, wer zuerst jung sein will, und dann alt, wer zuerst allein herrschen lässt, was sie rühmen als jugendlichen Sinn, und dann allein folgen, was ihnen der Geist des Alters scheint; es verträgt nicht das Leben diese Trennung seiner Elemente. Ein doppeltes Handeln des Geistes ist es, das vereint sein soll zu jeder Zeit; und das ist die Bildung und die Vollkommenheit, dass beider sich immer inniger bewusst werde der Mensch in ihrer Verschiedenheit, und dass er in Klarheit sondere eines Jeden eigenes Geschäft.

Für die Pflanze selbst ist das Höchste die Blüthe, die schöne Vollendung des eigenthümlichen Daseins; für die Welt ist ihr Höchstes die Frucht, die Hülle für den Keim des künftigen Geschlechtes, das Geschenk, was jedes eigene Wesen darbieten muss, dass die fremde Natur es mit sich vereinigen möge. So ist auch für den Menschen das muntere Leben der Jugend das Höchste, und wehe ihm, wenn es von ihm weicht: aber die Welt will, er soll alt sein, damit Früchte reifen, je eher, je lieber. Also ordne Dir das Leben einmal für immer. Was allzu spät die Menschen erst das Alter lehrt, wohin gewaltsam in ihren Fesseln die Zeit sie führt, das sei schon jetzt aus des kräftigen Willens freier Wahl Deine Weise in Allem, was der Welt gehört. Wo die Blüthe des Lebens aus freiem Willen eine Frucht ansetzt, da werde sie ein süsser Genuss der Welt; und verborgen liege darin ein befruchteter Keim, der sich einst entwickele zu eigenem neuen Leben. Was Du der Welt bietest, sei leicht sich ablösende Frucht. Opfere nicht den kleinsten Theil Deines Wesens selbst in falscher Grossmuth! Lass Dir kein Herz ausbrechen, kein Blättchen abpflücken, welches Nahrung Dir einsaugt aus der umgebenden Welt! Aber treibe auch nicht zornigen Gemüthes gleich hervor täuschenden Auswuchs, ungestaltet und ungeniessbar, wo etwa ein verderbliches Thierchen Dich sticht; sondern Alles, was nicht für Dich selbst ist Wachsthum der Gestalt oder Bildung neuer Organe, das sei wahre Frucht, aus der inneren Liebe des Geistes erzeugt, als freie That seines jugendlichen Lebens Denkmal. Hat sie aber eigenes Leben gewonnen: so trete sie allmälig hervor aus ihren Umhüllungen; und dann werde sie weiter gebildet nach des äusseren Handelns Gesetz. Dann sei Klugheit um sie geschäftig und nüchterne Besonnenheit, dass auch wirklich der Welt zu Gute komme, was freigiebig die Liebe ihr zugedacht hat. Dann wäge bedachtsam Mittel und Zweck, sorge und schaue umher mit weiser Furcht, halte zu Rathe Kraft und Arbeit, lege hoch an Deine Mühe, und harre geduldig und unverdrossen des glücklichen Augenblicks.

Wehe, wenn die Jugend in mir, die frische Kraft, die Alles zu Boden wirft, was sie einzwängen will, der leichte Sinn, der immer weiter strebt, sich je bemengte mit des Alters Geschäft, und mit schlechtem Erfolg auf dem fremden Gebiete des äusseren Thuns die Kraft verschwendete, die sie dem inneren Leben entzöge! So mögen nur die untergehen, die den ganzen Reichthum des Lebens nicht kennen, und also missverstehend den heiligen Trieb, jugendlich sein wollen im äusseren Thun. Im Augenblick soll eine Frucht reifen, wie eine Blüthe sich entfaltet in einer Nacht; es drängt ein Entwurf den andern, und keiner gedeiht; und im raschen Wechsel widersprechender Mittel zerstört sich jedes angefangene Werk. Haben sie so in vergeblichen Versuchen die schöne Hälfte des Lebens verschwendet, und nichts gewirkt noch gethan, wo Wirken und Thun ihr ganzer Zweck war: so verdammen sie den leichten Sinn und das rasche Leben, und es bleibt ihnen, allein das Alter zurück, schwach und elend wie es sein muss, wo die Jugend verscheucht und verzehrt ist. Dass sie mir nicht auch fliehe, will ich sie nicht missbrauchen; sie soll mir nicht dienen auf fremdem Gebiete zu ungebührlichem Geschäft; in den Grenzen ihres Reichs will ich sie halten, dass ihr kein Verderben nahe. Da aber soll sie mir walten jetzt und immer in ungestörter Freiheit; und kein Gesetz, welches nur dem äusseren Thun gebieten darf, soll mir das innere Leben beschränken.

Alles Handeln in mir und auf mich, das der Welt nicht gehört, und nur mein eigenes Werden ist, trage ewig der Jugend Farbe, und gehe fort nur dem inneren Triebe folgend in schöner sorgloser Freude. Lass Dir keine Ordnung gebieten, wann Du anschauen sollest oder begreifen, wann in Dich hineingehen oder aus Dir heraus! fröhlich jedes fremde Gesetz verschmäht, und den Gedanken verscheucht, der in todten Buchstaben verzeichnen will des Lebens freien Wechsel. Lass Dir nicht sagen, dies müsse erst vollendet sein, dann jenes! Gehe weiter, wie und wann es Dir gefällt, mit leichtem Schritt: lebt doch Alles in Dir, und bleibt, was Du gehandelt hast, und findest es wieder, wenn Du zurückkommst. Lass Dir nicht bange machen, was wohl daraus werden möchte, wenn Du jetzt dies begönnest oder jenes! Immer wird nichts als Du: denn was Du wollen kannst, gehört auch in Dein Leben. Wolle ja nicht massig sein im Handeln! Lebe frisch immer fort; keine Kraft geht verloren, als die Du ungebraucht in Dich zurückdrängst. Wolle ja nicht dies jetzt, damit Du hernachwollen könnest jenes! Schäme Dich, freier Geist, wenn das Eine in Dir sollte dienen dem Andern; nichts darf Mittel sein in Dir, ist ja Eins so viel werth als das Andere; darum, was Du wirst, werde um seiner selbst willen. Thörichter Betrug, dass Du wollen solltest, was Du nicht willst! Lass Dir nicht gebieten von der Welt, wann und was Du leisten sollst für sie! Verlache stolz die thörichte Anmaassung, muthiger Jüngling, und leide nicht den Druck. Alles ist Deine freie Gabe; denn in Deinem inneren Handeln muss aufgehen der Entschluss, ihr etwas zu thun; und thue nichts, als was so Dir in freier Liebe und Lust hervorgeht aus dem Innern des Gemüthes. Lass Dir keine Grenzen setzen in Deiner Liebe, nicht Maass, nicht Art, nicht Dauer! Ist sie doch Dein Eigenthum: wer kann sie fordern? Ist doch ihr Gesetz blos in Dir: wer hat dort zu gebieten? Schäme Dich, fremder Meinung zu folgen in dem, was das Heiligste ist! Schäme Dich der falschen Schaam, dass sie nicht verstehen möchten, wenn Du den Fragenden sagtest: darum liebe ich. Lass Dich nicht stören, was auch äusserlich geschehe, in des inneren Lebens Fülle und Freude! Wer wollte vermischen, was nicht zusammen gehört, und grämlich sein in sich selbst? Härme Dich nicht, wenn Du dies nicht sein kannst, und jenes nicht thun! Wer wollte mit leerem Verlangen nach der Unmöglichkeit hinsehen, und mit halbsüchtigem Auge nach fremdem Gut?

So frei und fröhlich bewegt sich mein inneres Leben! Wann und wie sollte wohl Zeit und Schicksal mich andere Weisheit lehren? Der Welt lasse ich ihr Recht: nach Ordnung und Weisheit, nach Besonnenheit und Maass strebe ich im äusseren Thun. Warum sollte ich auch verschmähen, was sich leicht und gern darbietet, und willig hervorgeht aus meinem inneren Wesen und Handeln? Ohne Mühe gewinnt das Alles in reichem Maasse, wer die Welt anschaut; aber durch das Anschauen seiner selbst gewinnt der Mensch, dass sich ihm nicht nähern darf Muthlosigkeit und Schwäche: denn dem Bewusstsein der inneren Freiheit und ihres Handelns entspriesst ewige Jugend und Freude. Dies habe ich ergriffen, und lasse es nimmer, und so sehe ich lächelnd schwinden der Augen Licht, und keimen das weisse Haar zwischen den blonden Locken. Nichts, was geschehen kann, mag mir das Herz beklemmen: frisch bleibt der Puls des inneren Lebens bis an den Tod.

Erläuterungen zu Schleiermacher's Monologen.

1. Darbietung.

Diese Darbietung vertrat bei der ersten anonymen Ausgabe der Monologe im Jahre 1800 die Vorrede. Das Auffallendste an ihr ist der Styl; er streift an das Gesuchte und Affektirte; die Wortfolge in den Perioden ist unnatürlich verstellt, und ungewöhnliche Ausdrücke werden herbeigeholt. Dies setzt sich auch in den Monologen fort. Der Leser wird es entschuldigen, wenn er erwägt, dass zur Zeit der Abfassung dieser Monologe die Sturm- und Drangperiode in der deutschen Literatur kaum überstanden war, und dass Schl. damals in innigem Verkehr mit Fr. *Schlegel* und anderen Häuptern der romantischen Schule stand.

Die Einleitung lässt Mittheilungen nach Art der *Confessions* von *Rousseau* erwarten; Schl. bietet auch wie *Rousseau* seine innersten Gedanken; allein während die Geständnisse *Rousseau's* durch die anschauliche Schilderung der Personen und Situationen alle Reize einer Dichtung in sich vereinen, verblassen die Geständnisse Schl.'s durch die Allgemeinheit ihrer Gedanken und durch die Verhüllung des Thatsächlichen zu Betrachtungen, welche das Gemüth kalt lassen, ohne doch dafür den Geist durch Erweiterung der Erkenntniss zu entschädigen.

2. Erster Monolog. Betrachtung.

Indem in diesem Monologe alles Thatsächliche in Nebel zerfliesst, verlangt man um so mehr nach Bestimmtheit und Schärfe in dem Allgemeinen, was Schl. dafür bietet. Der Leser von heute wird sich hier bitter enttäuscht fühlen, und schwerer Tadel wäre gegen Schl. sicher begründet, wenn man diese Monologe als eine feste, abgeschlossene Lehre nehmen wollte, die Schl. seinen Lesern böte. Allein dem ist nicht so; Schl. selbst ist in ihnen noch im Kampfe begriffen, noch hat er nicht die Klarheit erreicht; die Monologe sind Versuche, sie zu gewinnen; sie sind ein Reinigungsprozess für Schl. selbst; die Resultate liegen ausserhalb ihrer und treten erst in den späteren Werken Schl.'s zu Tage.

Man halte sich ausserdem gegenwärtig, dass jene Zeit (1800) dies Spielen mit Gedanken, dies Rütteln am Hergebrachten, dies Haschen nach Originalität liebte und dabei doch vor dem Ernst strengerer Untersuchung zurückwich. Das Genie sollte Alles vollendet in Gedankenblitzen aufsprühen. Schl. musste auch hierin seiner Zeit ihren Tribut zahlen.

Die Begriffe von Nothwendigkeit und Freiheit, von Zeitlichkeit und Ewigkeit, um welche dieser Monolog sich fortgesetzt bewegt, sind aus *Spinoza* entlehnt; aber der Gegensatz vom Aeusseren und Inneren, der daneben festgehalten wird, widerspricht durchaus dem Geiste Spinoza's. So fehlt hier die klare und feste Consequenz, welche bei Spinoza versöhnt, und die Selbstbetrachtung, auf die der Leser als das Höchste schliesslich verwiesen wird, verliert sich durch diesen Dualismus in das Nebelhafte und in ein beschauliches Gedankenspiel schöner Seelen, wovon *Goethe* eine weit anziehendere Darstellung in seinem *Wilhelm Meister* gegeben hat.

3. Zweiter Monolog. Prüfungen.

Schl. vertheidigt sich hier gegen die mancherlei Vorwürfe, welche seine Freunde gegen ihn erhoben hatten. Er entschuldigt sich mit der Eigenthümlichkeit seines Wesens und fordert Freiheit für seine Entwicklung. Um die Darstellung voll zu verstehen, wäre eine genaue Kenntniss der damaligen Lebensverhältnisse Schl.'s nöthig. Er war Prediger in Berlin; er hatte aber mit dem exzentrischen Fr. Schlegel innige Freundschaft geschlossen; er verkehrte alltäglich in dem Kreise der Jüdin *Henriette Herz* und war in heftiger Liebe zu der *Eleonore Grunow*, der Frau eines dortigen Predigers, entbrannt. Dabei war er im Kampfe mit der geltenden Theologie und Philosophie, voll glänzender geistiger Gaben, und doch hatte er bis dahin in Wissenschaft oder Kunst noch nichts geschaffen; denn die »Reden über die Religion« waren erst damals und beinahe gleichzeitig mit den Monologen entstanden. So war Stoff genug zu Vorwürfen vorhanden, und Schl. verhehlte sich dies nicht.

Seine Vertheidigung leidet durch die schwankende Mittelstellung, welche er auch in diesen Monologen nicht aufgeben mag. Schl. bietet weder eine umständliche Darstellung des Einzelnen, noch dringt die allgemeine Betrachtung in den Grund der aufgeworfenen Fragen, und so fehlt das klare und sichere Resultat. Schl.'s Zeitgenossen haben diese Mängel wahrscheinlich weniger empfunden; der heutige Leser aber leidet darunter.

Die Betonung der Eigenthümlichkeit des Einzelnen, des Werthes und Rechtes derselben gegenüber den allgemeinen, die Individualität austilgenden Regeln des Sittlichen trifft einen Punkt der Ethik von hoher Wichtigkeit; allein auch hier bleibt die tiefere Untersuchung aus. Schl. begnügt sich, das Recht solchen eigenthümlichen Verhaltens ohne weiteres als unzweifelhaft hinzustellen, und, gleich dem eigensinnigen Kinde, seinen Freunden gegenüber mit Hartnäckigkeit darauf zu bestehen.

So kommt der Leser an das Ende und hat weder eine Bereicherung seiner Erkenntniss gewonnen, noch ist er durch den idealen Genuss eines dichterisch Schönen dafür entschädigt.

4. Dritter Monolog. Weltansicht.

Die Klagen und Vorwürfe gegen die Wirklichkeit, gegen die vorhandenen Gestaltungen in Staat, Familie und Gesellschaft, die vagen Träume von einer Zukunft, welche das erhabene Reich der Bildung und Sittlichkeit bringen soll, die Sehnsucht nach einem *inneren* Leben, nach einer innigen Gemeinschaft der Geister, wovon dieser Monolog erfüllt ist, sind der heutigen Zeit kaum noch verständlich. Nachdem das deutsche Volk in diesem Jahrhundert, wenn auch langsam, eine thätige Theilnahme an dem öffentlichen und staatlichen Leben wieder genommen hat, ist auch das Verständniss für das Wirkliche wieder bei ihm eingekehrt. Die Gegensätze von einem höheren *inneren* Leben gegenüber den äusseren Gestaltungen und Thätigkeiten in Staat und Gesellschaft, von denen dieser Monolog überfliesst, sind verschwunden, und man hat Mühe, sich in die Empfindungsweise zu finden, welche diese Klagen diktirt hat. Sie erklärt sich nur aus der Absperrung des deutschen Volkes von aller öffentlichen Thätigkeit, wie sie bis zu dem Beginn des Jahrhunderts bestanden hatte; bei Schleiermacher kam seine Neigung zur Mystik und Romantik und sein intimer Umgang mit Fr. *Schlegel* hinzu; daher diese Sprödigkeit gegen alles Wirkliche, dieses scheue und doch vornehme Zurückziehen in eine angeblich höhere innere Welt der Geister. Zu seinem Glück war Schl. besser, als er selbst sich hier schildert. Es ist nicht wahr, wenn er hier von sich sagt: »Ich bin dem jetzigen Geschlecht ein Fremdling; gleichgültig lässt mich, was die Welt, die jetzige, thut oder leidet.« Als die Zeit der Noth mit 1806 über das Vaterland einbrach, gehörte Schl. zu den muthigsten Vorkämpfern für die Wiederaufrichtung des Vaterlandes, und als nach 1815 die Reaktion die Früchte des Sieges nicht zur Entwicklung kommen liess, hat sich Schl. bis an sein Ende ausdauernd und praktisch mit Opfern und Gefahren an allen Kämpfen für geistige und religiöse Freiheit betheiligt. Da ist in seinem Denken und Handeln von den nebelhaften Idealen nichts zu spüren, welche in diesen Monologen mit so viel Prätension sich geltend machen. Aber freilich war das, was dieser Monolog ausspricht, 1800 die herrschende Gesinnung der Gebildeten. Diesem Monolog gegenüber lernt man den Werth des Ausspruches schätzen, mit dem *Hegel* bald darauf dieser süsslichen Selbstvergötterung entgegentrat und ihnen zurief: »Alles Vernünftige ist wirklich und alles Wirkliche ist vernünftig«.

Die Bemerkungen Schl.'s über die Sprache am Schlusse dieses Monologs leiden an derselben Unbestimmtheit und Gefühlsseligkeit, wie das Frühere; die sonderbaren und gewaltsamen Redewendungen der Monologe sind aus solchen Ansichten hervorgegangen und sollen als das Zeichen von Schl.'s Geiste gelten. Auch hier hat später das thätige Leben diese Sonderbarkeiten zurückgedrängt; Schl.'s Styl ist in seinen späteren Werken, namentlich in der Glaubenslehre, wieder natürlich und fliessend.

5. Vierter Monolog. Aussicht.

Dieser Monolog ist anziehender und inhaltreicher als die vorhergehenden; man begegnet hier bestimmten Gedanken und sieht mit Wohlbehagen den romantischen Nebel der Ueberschwenglichkeit sich hier und da lüften. Indess dringt die volle Klarheit auch hier nicht hindurch. Schl. bespricht die Sorge um die Zukunft und rühmt seine Freiheit und seine Macht über das Geschick, möge es ihm bringen, was es wolle. Man erkennt den Einfluss *Spinoza's*, der mit seiner »intellektuellen Liebe zu Gott« seiner Seligkeit sicher war. Indess hat die Romantik bei Schl. die Gedanken Spinoza's in einen weichen Nebel eingehüllt, und die mystische Richtung in Schl.'s Wesen drängt sich hervor. Es ist wahr, der Mensch kann sich von Allem zurückziehen, sein Interesse, sein Gefühl selbst aus dem herausnehmen, was die Sitte und die Wissenschaft als das Höchste hinstellt; er kann sich damit dem Schicksal als unverwundbar gegenüberstellen; er kann mit Schl. ausrufen: »Was kümmert mich glücklich sein! Ich trotze dem, was Tausende gebeugt!« Allein was bietet Schl. dafür? Das »tiefere Eindringen in das eigene Wesen«, das »Bewusstsein der Freiheit«, »innere Bildung«, »Wachsthum der Eigentümlichkeit«, »inneres Leben« u. s. w. Vergeblich sieht man nach einer bestimmten Gestaltung und Entwicklung dieser *Phrasen*, denn mehr sind sie ohnedem nicht. Hier rächt sich der Gegensatz zwischen Innerem und Aeusserem, von dem Schl. auch in diesem Monologe nicht loskommen kann. Wozu dieser Stolz, mit dem hier Schl. gleich dem Weisen der Stoiker, sich für unverwundbar erklärt? Weshalb soll der Mensch nicht den Schmerz fürchten? weshalb mit einer Erhebung prahlen, die, *wenn* das Unglück wirklich hereinbricht, doch nicht Stand hält? Ist es denn so nöthig, dass die Philosophie den Menschen über alle Schmerzen erhebe?

Gegen das Ende des Monologes wird der Gedankengang immer phantastischer. Die »Götterkraft der Phantasie« wird über Alles gestellt; in ihr lebt Schl. ein freies Leben, selbst wenn die äussere Darstellung seiner Gedanken und Entschlüsse ihm unmöglich gemacht wird; hier handelt er *innerlich*, hier lebt er *innerlich* mit seinen Freunden, hier verkehrt er bereits mit seiner Gattin, die *dereinst* das Schicksal ihm bescheiden wird; sie kennen sich bereits, und »in dem schöneren Leben, das sie führen werden, ist er bereits eingewohnt!«

Die Betrachtungen über den Tod am Schluss dieses Monologes sind glänzend und geistreich, wie sie jene Zeit liebte. Schl. glaubte nicht an persönliche Unsterblichkeit und hat dieses Dogma selbst in seiner christlichen Glaubenslehre im Zweifel gelassen; allein, statt bescheiden anzuerkennen, dass die Scheu vor dem Tode und dem Nichtsein der menschlichen Natur angeboren und untrennbar von ihr ist, wird lieber der Begriff des Todes in geistreicher Weise verdreht und damit ein Verlangen nach dem Tode erkünstelt, dessen Sophistik so durchsichtig ist, dass die Furcht vor dem Tode überall hindurch leuchtet. Der einfache Mann bedarf dieser Kunststücke nicht; er scheut den Tod und schämt sich dessen nicht, aber in seinem *thätigen* Leben ist er bereits genügend davor geschützt, dass diese Furcht sein Handeln hemmen und den Genuss seines Daseins ihm stören könnte.

6. Fünfter Monolog. Jugend und Alter.

Dieser letzte Monolog ist eine Hymne auf die Jugend. Wer wollte diesem Lobgesang mit Verstandesgründen entgegentreten und seine Blössen aufdecken, die sofort hervortreten, wenn der Rausch der Begeisterung nachlässt! Die grossen Helden, welche die erste französische Revolution geboren, hatten damals bereits so Unglaubliches vollbracht, dass es zum Dogma jener Zeit geworden war: »Der Mensch kann Alles, was er will.« Man darf es deshalb Schl. nicht übel deuten, wenn er hier den Gesetzen der Natur mit seinem Willen, jung zu bleiben, so dreist entgegentritt; es sind noch Reste aus der Sturm- und Drangperiode.

Schl. will die Schärfe der Wahrnehmung, die Lebendigkeit der Erinnerung, manches Wohlgefallen, manche Lust Preis geben, wenn ihm nur die »Kraft und Fülle der grossen heiligen Gedanken, die aus sich selbst der Geist erzeugt,« erhalten bleiben. Wer denkt dabei nicht an die » *aeternae veritates*« von Spinoza; aber wer erkennt nicht auch das Hohle dieser Wendungen, wenn er weiss, dass selbst diese höchsten Begriffe des Seienden nur aus der Wahrnehmung stammen und dass, wenn diese sammt der Erinnerung sich verliert, auch von jenem nichts bleiben kann.

Zum Schluss dieses Monologs kehrt auch hier jene schon gerügte falsche Trennung zwischen *äusserem* und *innerem* Leben wieder. »Der Welt,« ruft Schl., »lass ich ihr Recht; nach Ordnung und Weisheit, nach Besonnenheit und Maass strebe ich im *äusseren* Thun; aber kein Gesetz soll mir das innere Leben beschränken. Lass dir nicht gebieten von der Welt, wenn und was du leisten sollst für sie; lass dir keine Grenzen setzen in deiner Liebe; nicht Maas, nicht Art, nicht Dauer. Schäme dich der falschen Scham. Lass dich nicht stören von dem, was *äusserlich* geschehe, in des *inneren* Lebens Fülle und Freude.«

Wir sehen hier einen zweiten *Werther* erstehen und können nur danken, dass Schl. nicht, wie *Goethe*, die Macht besass, durch eine vollendete Dichtung, die verführerische Kraft solcher Lehren bis zu dem Ansteckenden zu steigern. Die späteren Handlungen und

Werke Schl.'s zeigen, zur Beruhigung aller Verehrer dieses bedeutenden Mannes, dass er mit diesen Monologen einen gleichen Befreiungsprozess an sich selbst vollzogen hat, wie es Goethe mit seinem Werther gethan hat, obgleich Schl. selbst in der Vorrede zur zweiten Auflage dies nicht eingestehen will. Wenn der Leser dieser Auffassung beitritt, so wird es nunmehr keiner weiteren Erläuterungen dieser Monologe für ihn bedürfen.

Über tradition

Eigenes Buch veröffentlichen

tradition wurde 2006 in Hamburg gegründet und hat seither mehrere tausend Buchtitel veröffentlicht. Autoren veröffentlichen in wenigen leichten Schritten gedruckte Bücher, e-Books und audio-Books. tradition hat das Ziel, die beste und fairste Veröffentlichungsmöglichkeit für Autoren zu bieten.

tradition wurde mit der Erkenntnis gegründet, dass nur etwa jedes 200. bei Verlagen eingereichte Manuskript veröffentlicht wird. Dabei hat jedes Buch seinen Markt, also seine Leser. tradition sorgt dafür, dass für jedes Buch die Leserschaft auch erreicht wird.

Im einzigartigen Literatur-Netzwerk von tradition bieten zahlreiche Literatur-Partner (das sind Lektoren, Übersetzer, Hörbuchsprecher und Illustratoren) ihre Dienstleistung an, um Manuskripte zu verbessern oder die Vielfalt zu erhöhen. Autoren vereinbaren direkt mit den Literatur-Partnern die Konditionen ihrer Zusammenarbeit und partizipieren gemeinsam am Erfolg des Buches.

Das gesamte Verlagsprogramm von tradition ist bei allen stationären Buchhandlungen und Online-Buchhändlern wie z. B. Amazon erhältlich. e-Books stehen bei den führenden Online-Portalen (z. B. iBookstore von Apple oder Kindle von Amazon) zum Verkauf.

Einfach leicht ein Buch veröffentlichen: **www.tradition.de**

Eigene Buchreihe oder eigenen Verlag gründen

Seit 2009 bietet tredition sein Verlagskonzept auch als sogenanntes "White-Label" an. Das bedeutet, dass andere Unternehmen, Institutionen und Personen risikofrei und unkompliziert selbst zum Herausgeber von Büchern und Buchreihen unter eigener Marke werden können. tredition übernimmt dabei das komplette Herstellungs- und Distributionsrisiko.

Zahlreiche Zeitschriften-, Zeitungs- und Buchverlage, Universitäten, Forschungseinrichtungen u.v.m. nutzen diese Dienstleistung von tredition, um unter eigener Marke ohne Risiko Bücher zu verlegen.

Alle Informationen im Internet: **www.tredition.de/fuer-verlage**

tredition wurde mit mehreren Innovationspreisen ausgezeichnet, u. a. mit dem Webfuture Award und dem Innovationspreis der Buch Digitale.

tredition ist Mitglied im Börsenverein des Deutschen Buchhandels.

Dieses Werk elektronisch lesen

Dieses Werk ist Teil der Gutenberg-DE Edition DVD. Diese enthält das komplette Archiv des Projekt Gutenberg-DE. Die DVD ist im Internet erhältlich auf **http://gutenbergshop.abc.de**

MIX

Papier | Fördert
gute Waldnutzung

FSC® C083411

Zeitfracht Medien GmbH
Ferdinand-Jühlke-Straße 7
99095 Erfurt, Deutschland
produktsicherheit@kolibri360.de